여자가 말하는 ── 남자 혼자 사는 법

OTOKO OHITORISAMA-DO
by Chizuko Ueno

Copyright © Chizuko Ueno 2009
All rights reserved.
Original Japanese edition published by Houken Corp., Tokyo
Korean translation rights arranged with Houken Corp., Tokyo
through CREEK & RIVER Co., LTd. and Orange Agency

여자가 말하는
남자 혼자 사는 법

우에노 지즈코 지음
오경순 옮김

현실문화

초고령화가 진행 중인
동아시아에서

일본이든 한국이든 남성은 자신의 노후를 그다지 걱정하지 않는 경향이 있는 듯하다. 노후를 위해 아내와 자식이 있고 그들이 자신의 노후를 돌봐주리라 믿으며 안심할 수 있었고 걱정하지 않아도 별문제가 없었다. 이렇듯 남성의 노후를 보장하는 제도는 이른바 가부장제다. 가부장제란 나이가 많은 연장자가 지배하는 장로長老 지배의 또 다른 이름이기 때문이다.

하지만 한국은 일본을 따라잡고 추월할 기세로 저출산 고령화가 진행 중이며, 일본 이상의 속도로 진행된 압축 근대화의 여파로 인해 한국 남성의 노후는 지금까지의 방식대로만 흘러가지는 않을 것이다. 바로 그럴 때 일본 고령자의 경험은 분명 한국 남성에게도 참고가 될 터이다.

　　　　　＊　＊　＊

　이 책을 쓴 이후로도 일본에서는 독신 남성이 계속 늘어
나고 있다. 원래부터 혼자인 비혼 남성이거나 이혼 혹은 사
별로 혼자가 되는 것이다.

　아내가 자신보다 연하이더라도 아내를 먼저 떠나보내는
예상치 못한 일들이 일어난다. 그뿐 아니라 아내가 먼저 몸
져눕거나 인지증(치매)에 걸리기도 한다. 지금 일본에서는
가족을 간병하는 사람의 약 30%가 남성이다. 그중 대부분
이 부부간 간병으로, 남편이 아내를 보살피는 이른바 노노
老老 간병이다. 자식이 있어도 멀리 떨어져 있다면 도움이 되
지 않고, 며느리에게는 간병을 전혀 기대할 수 없게 되었다.

　그뿐 아니라 이혼도 꾸준히 증가했다. 이제 결혼은 더 이
상 평생 서약이 아니다. 이혼할 경우 주로 아내는 자식을
떠맡지만, 남편은 자녀를 데려가지 않는다. 애써 가족을 이
루었어도 가족을 포기하고 말게 된다는 말이다. 양육비도
지불하지 않는다면 자식을 만날 수 없게 되는 것은 당연한
일이다.

　게다가 비혼도 증가하고 있다. 지난해(2013년) 일본사회
보장·인구문제연구소가 발표한 통계를 보면, 일본인 남자

의 생애비혼율은 20%다. 생애비혼율이란 50세를 기준으로 결혼 경험의 유무로 측정하는 것이니, 50대 이상의 연령대에서는 5명 중 1명은 비혼이란 셈이다. 현재 40대 남성들의 생애비혼율은 4명에 1명꼴로 늘어난다. 누구든 결혼을 당연시했던 사회는 끝났다는 말이다.

가족이 없고, 가족을 만들지 않고, 또 만들 수 없는 독신은 앞으로도 늘어만 갈 것이다. 이런저런 통계들이 이런 예상에 힘을 싣고 있고, 이 점에서는 한국도 예외가 아닐 것이다.

그렇다면 이런 사실을 한탄하고 있기만 할 것이 아니라 예상 가능한 문제들을 미리 대비할 수 있다면 좋겠지만, 여자인 내가 볼 때도 독신 남자의 노후는 여자의 경우보다 훨씬 힘겨울 것 같다.

가사 능력도, 생활력도, 친구도 없고…… 독신 남성이 힘든 데야 여러 가지 요인이 있겠지만 가장 힘들 거라 예상되는 것은 "어쩔 도리가 없어. 좀 도와줘."라고 도움을 요청하는 말을 남자들이 선뜻 입밖에 내지 못한다는 것이다.

초고령사회란 마냥 지루하게 이어지는 내리막길이다. 제 아무리 권력을 휘둘렀던 사람이라도 언젠가는 그 자리에서 내려와 평범한 한 사람으로 돌아가게 되고, 또 남의 신세를 지게 된다. 내 발로 걸을 수 없게 되고 일어나지도 먹지도 못하게 되고 자리에 몸져눕다가 최후를 맞이하는 법이다. 죽음만은 누구에게나 평등하다.

독신 여자들은 상부상조하는 네트워크를 잘 만들어간다. 그런 내용을 소개한 책이 『싱글의 노후おひとりさまの老後』이다. 여자들을 위해 쓴 책인데, 그 책을 읽은 남성 독자들이 '독신 남성 편'은 없나요? 하고 요청을 해와 쓰게 된 책이 바로 이 책이다. 원제(男おひとりさま道)에 '길道'이란 단어를 붙인 이유는 독신 남자의 삶이 학습이나 숙달로도 가능하기 때문이다. 그리고 그렇게 말하지 않을 수 없을 정도로 독신 남자의 노후가 심히 걱정이 되기 때문이기도 하다.

* * *

나이가 들어가면서 가장 괴로운 것은 스스로가 예전의 자유를 잃고 기력을 잃는 거다. 그리고 타인에게 의존할 수밖에 없게 되는 현실, 바로 그것이 우리의 자존심을 산산조각 내며 무너뜨린다. 이런 아픔은 과거 권력이나 지위를 누렸던 사람일수록 더 커진다. 여성은 원래부터 대단한 힘을 갖고 있지 않았던 터라 노후에 연착륙할 수 있지만, 남자의 경우엔 힘 좀 있었던 남성일수록 나이 듦이 경착륙이 되기 쉽다. 그러곤 상처받을 것이다. 개인이나 사회나 마찬가지다.

경제성장의 오르막길을 잰걸음으로 껑충 뛰어올라온 일본 사회는 인구 감소 사회에 돌입했는데도 과거의 성공 경험을 잊지 못하고 있다. 일본 남성이든 한국 남성이든 부와 권력을 너무 좋아한다. 게다가 한국 남성들은 근력까지도 매우 좋아하는 것 같다. 한국의 젠더 연구자들은 한국 남성의 남자다움 속에는 군대에서 단련된 마초적 폭력성이 있다고 지적한다. 일본인 갸루(젊은 여성)가 좋아하는 한류 남성 탤런트의 매력은 동안에다가 여성스런 생김새에 잘 단련된 몸짱 근육이다. 그렇게 몸짱으로 단련되는 곳이 바로 군대라는 사실을 일본 여자들은 알아차리지 못하고 있지만 말이다.

독도를 둘러싼 한일 간의 대립은 마치 전쟁놀이를 좋아하는 남자들의 치열한 싸움처럼 보인다. 그 배후에 지금도 전시 태세인 북한의 철딱서니 없는 불장난이 도사리고 있기는 하지만. 북한 지도자의 언동이 일본 우익의 내셔널리즘에 '기름을 끼얹을'(중국어로 '加油'는 '파이팅'이란 의미다) 때마다, 북한의 김정은은 혹시 일본 아베 총리의 응원단이 아닐까 싶을 정도다. 그런 남자들의 파워 게임에서 득을 보는 이는 과연 누구일까?

* * *

일본은 이제 세계 최고 수준의 초고령사회이다. 그 뒤를 한국과 중국이 쫓아가고 있다. 출생률은 이제 일본보다 한국이 더 낮고, 한 자녀 정책을 펴온 중국은 더더욱 낮다. 한국과 중국의 고령화는 일본보다는 늦게 오겠지만 그 속도만큼은 일본보다 무서우리만치 빠르게 진행될 것이다. 경제학의 상식으로 볼 때 경제성장은 인구 보너스기期의 선물이다. 출생률이 높고 아이들이 많고 생산 연령대의 인구가 많아 부양해야 하는 고령자 수가 적은, 과도기와도 같은 시대의 산물이다. 반대로 고령화는 고령 인구가 늘고 생산 연령대의 인구가 감소하는 인구 오너스(Onus, 부담)기를 의미한다. 조부모 4명, 부모 2명, 한 자녀 가정인 중국의 인구 고령화는 한 세대만에 닥치고 말 것이다. 중국 경제성장에 점차 그늘이 드리워지고 있는 이유도 인구 보너스기가 눈 깜짝할 사이에 끝난 탓이다. 한국의 경우도 이와 비슷하다.

그렇다면 인구 오너스기에 어울릴 만한 사회상을 염두해둘 필요가 있지 않을까. 내가 속해 있는 베이비부머 세대는 일본의 고도성장기에 청춘을 바쳐 일하고, 일본의 쇠퇴기에 노후를 맞이하게 되었다. 개인의 노후와 사회의 성숙 방안을 잘 견주어보고 고찰할 책임이 있다는 생각이다.

그것은 더 이상 까치발로 뛰면서 따라잡고 앞지르려 하지 않는 삶의 방식, 현재를 미래의 목적을 위한 수단으로 삼지 않고 지금 이 시간을 소중히 여기는 삶의 태도 같은 것이다. 미리 말해두지만, 이런 삶의 방식은 일본인이든 한국인이든 특히 남성들이 가장 서투른 것이리라.

초고령사회는 눈앞에 성큼 다가왔다. 그것은 예측 가능한 미래이다. 무턱대고 피하지 말고 현실로 받아들이자. 두려움 없이 나이 듦을 받아들이고 약자가 되어도 안심하고 살 수 있는 사회를 만들고 싶다. 그렇게 가꾸어나가다 보면 일본과 한국, 중국과의 관계도 분명 달라지지 않을까. 북한도 분명 변화를 보이리라. 이런 생각을 하다 보면 고령화가 꼭 나쁜 것만은 아닌 것 같다. 동아시아의 변화를 내 눈으로 끝까지 지켜보고 죽고 싶다. 앞으로 얼마나 더 기다리면 될는지.

2014년 신록의 계절에

우에노 지즈코

홀로 사는 남성이 늘고 있다.

65세 이상 홀로 사는 여성이 292만 명인 데 비해 남성은 113만 명으로 절반에 가깝다(2005년). 이 숫자는 앞으로도 점점 더 늘어갈 판이다.

요즘도 남자가 혼자 산다고 하면 '홀아비살림에 이가 서 말'이라는 등 구질구질하다는 식으로 입에 오르내린다. 특히 혼자 사는 삶에 있어서만큼은 여자보다는 남자 쪽이 동정과 연민의 대상이 되어왔다.

젊은 사람은 혼자 살아도 주위에서 이러쿵저러쿵 별말이 없지만, 나이 들어 혼자 살고 있으면 인사보다는 "혼자라서 얼마나 적적하시겠어요."라고 꼭 토를 단다. 홀로 사는 삶을 스스로 선택한 사람에게 이런 말은 그야말로 오지랖 넓은 참견이다. 그런 반발심이 내가 이 책을 쓴 한 가지 이유다.

게다가 남자의 경우에는 "좀 불편하시죠?"라는 말이 추가된다. 여기서 '불편하다'는 말은 가사일 등의 불편함 외에도 남성의 문제, 즉 하반신의 불편도 의미하리라. 그런 '불편'을 이유로 재혼 등에 마음을 쓰게 되면 그야말로 엎친 데 덮친 격이다. 지금까지 결혼이란 남자의 '불편'과 여자의 '불안'의 결합이었다. 그러나 여자에게 '(경제적) 불안'이 없어지면 여자 쪽이 재혼에 거는 기대치는 낮아질 것이다.

남자가 홀로 살게 되는 이유에는 세 가지 경우의 수가 있다. 첫 번째는 비혼非婚 싱글, 두 번째는 이혼 싱글, 세 번째가 사별 싱글이다. 이혼 싱글과 사별 싱글 모두 재혼에 이르는 장벽은 높기만 하다. 재혼할 상대 여성이 사별 싱글이라면 먼저 세상을 뜬 남편을 병구완하며 보살핀 대가로 연금이나 유산이 떨어지기 때문에 그 빠한 연금과 유산을 포기하기란 쉽지 않다. 이혼한 싱글 여성의 경우에는 결혼이라면 진절머리가 나 있기 때문에 '재도전'의 걸림돌 또한 당연히 높기 마련이다. 또 비혼 싱글인 여성은 애초부터 결혼 상대에게 요구하는 조건이 까다롭다. 그러다 보니 어느새 '노처녀'가 되고 말았다. 여태껏 같은 세대 남성에게 관심을 두지 않았던 여성들이 장래에 같은 세대 비혼 싱글을 선택할 가능성은 훨씬 더 낮다.

고로 이혼 싱글이든 사별 싱글이든 재차 '커플'이 될 가능성은 낮고, 현재의 비혼 싱글이 장차 '커플'이 될 가능성은 더더욱 낮다고 예상을 해본다.

그러나 여자에게 의존하지 않고 남자 홀로 살아갈 방법은 분명 있다. 취재를 하는 동안 하루하루 충실하게 생활하며 홀로 살아가는 남자들을 수없이 만났다.

과연 남자 홀로 살아가는 길은 있을까?

물론 '예스!'가 이 책의 대답이다.

혼자인 당신도 당당하고 멋진 길을 개척해나가기를, 그리고 그 길을 만끽하기를……

차례

제1장

남자가 홀로될 때

제1장

남자가 —— 홀로될 때

홀로 사는 남성이
늘고 있다

남자도 언젠가는 홀로 남게 된다.

여성들에게는 지금 싱글이 아니더라도 결국엔 (남편을 먼저 떠나보내고) 혼자 남아 다시 싱글이 된다는 '예비 싱글'로서의 자각이 있지만, 남성은 양쪽 어디에도 속하지 않는다고 생각하는 사람이 많은 듯하다. 아내가 알아서 병 수발을 들어줄 테고 '홀아비 신세'가 되기 전에 저세상으로 갈수 있다고 믿는 모양이다.

좀 더 정확하게 말하면, 남성들 중에는 노후를 진지하게 생각하지 않는 사람이 많다. 아내든 타인이든 다른 사람 **신세를 지면서 죽어야 한다니** 정말이지 보기도 듣기도 생각하기도 **끔찍하다**는 눈치이니, 오히려 보는 내가 놀라울 따름이다.

내가 40대 한창 나이였을 때, 노후를 어떻게 보낼까 여자 친구들과 이런저런 이야기를 나누고 있는데 불쑥 끼어든 남자의 한마디가 아직도 귓가에 생생하다.

"당신네 여자들은 벌써부터 그런 걸 다 걱정하고 난리야?"

쏘아보는 듯 매서운 눈초리였다.

"그러는 당신은 늙어서 어쩔 셈인데요?"라고 물으니 고작 한다는 말이 가관이다.

"잘 살다가 어느 날 갑자기 덜컥 가는 게 내 꿈이올시다."

그게 어디 말처럼 쉽나. 게다가 아무런 예정도 계획도 없는 죽음이 이상적이라니.

홀로 사는 남성은 점점 늘고 있다. 왜 그럴까? 먼저 꼼꼼히 사실부터 확인해보자.

원래 혼자였거나, 되돌아오거나, 홀로 남겨지거나

싱글 남성의 유형에는 다음 세 가지가 있다.

첫째, 처음부터 독신이었던 비혼 싱글.

둘째, 이혼 후 다시 싱글이 되어 돌아온 이혼 돌싱.

셋째, 아내와의 사별로 다시 싱글이 된 사별 돌싱.

순서대로 비혼 싱글, 이혼 싱글, 사별 싱글이라 부르기로 하자. 참고로 '돌싱'이란 사별이나 이혼으로 다시 혼자가 되었다는 의미다.

이 세 가지 유형에는 세대 차이가 있는데, 순서대로 연령대가 높아진다. 비혼 싱글이 가장 젊고, 이혼 싱글이 그다음, 사별 싱글이 가장 연령대가 높다. 각 세대 싱글들의 특징을 살펴보도록 하자.

원래부터 혼자인 경우

40대 초반부터 비혼 싱글, 소위 노총각이라 불리는 숫자
가 급증한다.

40~44세의 비혼율은 22%로 약 **5명 중 1명**꼴. 노처녀 수
가 늘어나는 만큼 노총각 수가 늘 거라고 생각하지만, 인구
학적으로 보면 노처녀보다 노총각 수가 더 많다. 원래 선진
국에서는 남성이 여성보다 많이 태어나고, 그 아이들의 대
부분은 무사히 성인이 되기 때문이다.

참고로 선진국의 자연 출생 성비(인공 조절을 하지 않고
태어나는 남아와 여아의 비율)는 여아 100에 남아 105이다.
이 비율 그대로 순조롭게 결혼 적령기에 접어들면, 가령 전
원이 결혼한다고 쳐도 남성 약 20명 중 1명은 배우잣감을
못 만난다는 이야기다.

중국에서는 이 출생 성비가 100 대 120이다. 아무리 남
자아이를 소중히 여긴다고 해도 이 수치는 이상하다. 어떤
이유가 있을 거라고 의심할 법하다. 이대로 성인이 되면 남
성 약 6명 중 1명은 배우자를 만나지 못한다. 중국에서는
신붓감 부족을 농촌이나 외국에서 시집오는 여성들로 해결
하고 있지만, 그럴수록 연쇄적으로 농촌에서 신붓감 부족
현상이 나타난다. 끝내 바다사자 수컷 무리처럼 '결혼 못

하는 남성들' 집단이 어딘가에 생기는 것은 아닐까.

그에 반해 여성의 비혼율은 40~44세에 12%로 같은 연령대 남성의 절반가량이다. 35~39세는 18%이지만 40대로 앞자리 수가 바뀌자마자 격감하는 수치를 보면 아마도 40대를 목전에 두고 아슬아슬하게 '슬라이딩 세이프'로 만혼에 성공하는 여성이 상당수 있는 듯하다. 남성은 35~39세에 비혼율이 30%이고, 30~34세에 47%이다. 이대로 수치가 올라가면 남성 약 **3명 중 1명**이 **평생 독신**으로 사는 **시대**가 오리라.

이 세대의 싱글 남성은 사회학자 야마다 마사히로 씨 외 2인이 쓴 『미혼화 사회의 부모와 자식 관계』[2]에서 조사 대상으로 삼은 사람들로, 조사를 실시한 1990년대 중반에 25~39세였던 비혼 싱글이다. 그중 남성의 60%, 여성의 70%가 부모에게 '의지해' 살고 있다.

당시 이 사람들은 가정에 어머니라는 이름의 '주부'가 있었기 때문에 '먹고 자고 씻고'가 가능했다. 이들이 이대로 평생 결혼하지 않는다면 부모와 함께 살며 나이를 먹는다는 얘긴데, 부모가 건강할 때야 괜찮지만 간병을 필요로 하는 상태가 된다면? 그리고 드디어 자신이 누군가의 간병을 받아야 하는 순서가 온다면?

상상만 해도 오싹한 일이지만 이제부터 싱글 남성의 메뉴에는 평생 결혼하지 않는 남성들을 위한 계획도 넣어야 하지 않을까?

돌아온 싱글인 경우

50대 아래 세대를 생각해보면 상황이 조금씩 달라지기 시작한다. 이 세대부터 비혼율과 이혼율이 둘 다 높아지기 때문이다. 나이가 젊은데도 배우자와 함께 사는 사람이 50대에서는 80%에 약간 못 미치며, 40대에서는 70%대에 불과해 배우자가 있는 남성의 비율은 그 위 세대보다도 낮다.

일본은 이혼율이 낮은 편이었지만 요즘 들어 이혼율이 서서히 증가하는 추세다. 이 세대는 눈에 띄게 이혼율이 높아서 50대에 5.6%다. 같은 세대에 약 10%를 차지하는 비혼 싱글과 1% 정도의 사별 싱글을 포함하면 싱글의 비율이 19%에 달한다. 5명 중 1명꼴이다.

이혼 싱글의 비율은 연령대가 낮을수록 감소한다(30대에 3%). 그 이유는 첫째, 이혼율이 결혼 연수에 비례하므로 젊을수록 이혼율이 낮고, 둘째, 연령대가 낮을수록 비혼 싱글이 늘어 결혼한 남성 자체가 적기 때문이며(애당초 결혼을 안 했다면 이혼할 수 없으므로), 셋째, 이혼은 신혼 1년 이

내와 결혼 7년차 이후가 많은데, 이는 라이프 스테이지(life stage, 인간의 출생부터 사망까지의 생물학적·사회적으로 특징 지을 수 있는 여러 단계를 말한다—옮긴이)로 따지면 '포스트 육아기(탈육아기)'인 40대 이후이며, 30대는 아직 '이혼 적령기'에 도달하지 않았기 때문에 이 연령대에서 이혼율이 낮은 것은 당연한 결과다. 이 사람들이 40~50대가 되면 이혼율은 현재 40~50대 이상으로 상승하리라 예측할 수 있다.

50대 이하 세대는 사별로 인한 어쩔 수 없는 '싱글'뿐 아니라 이혼에 따른 선택적 '싱글'이 늘고 있는 점과 결혼 안정성이 떨어진다는 점이 특징이다. 이혼을 선택하는 쪽은 여성이 압도적으로 많다. 가정법원에 **이혼소송을 청구하는 이의 70%가 여성**이다.

여성이 이혼을 요구하는 가장 큰 세 가지 이유는 1970년대에는 1위가 남편의 이성 관계, 2위가 가정 폭력, 3위가 성격 차이였지만, 2007년에는 1위가 성격 차이, 2위가 가정 폭력, 3위가 이성 관계로 순위가 바뀌었다. 옛날 남편은 '품행이 나빴다'는 것이 아니라, 예나 지금이나 남편의 품행은 변함없지만 대신에 '성격이 맞지 않는다'는 모호한 이유로 이혼을 결심할 만큼 이혼의 장벽이 낮아졌음을 의미한다. 아이가 있다든지 어리다든지 하는 이유 등이 이혼을 억제하지 못하게 된 것도 **최근 이혼의 새로운 풍속도**다.

그리고 아무도 없었다

이혼이 늘면 남성 돌싱과 여성 돌싱이 그만큼 증가하는 것이 당연한 이치다. 그런데 남성 돌싱이 여성 돌싱과 결정적으로 다른 점이 하나 있다. 이혼과 동시에 **남성은 가족 모두를 잃게 된다**는 점이다.

여성은 남편을 잃더라도 아이는 떼어놓지 않는다. 일본에서 결혼한 부부 대부분은 아이가 있다. 오히려 일본은 출산을 결혼의 이유로 여기는 나라인지라 딩크족(Double Income, No Kids의 약어. 자녀를 두지 않는 맞벌이 부부를 뜻한다―옮긴이)은 지금도 드문 편에 속한다.

이혼 당시 미성년 아이가 있는 경우는 60%로, 그중에서도 아내에게 친권을 넘기는 사례가 약 80%에 달한다. 일본의 친권은 단독 친권이라 공동 친권을 인정하지 않으므로 남편이나 아내 둘 중 하나를 선택해야 한다. 아내 입장에서 보면 본디 '남편은 있으나 마나'였고, '모자母子 가정'이나 마찬가지였던 세대가 진정한 모자 가정이 되는 것뿐이다. 경제적 문제만 해결되면 스트레스의 시발점인 남편이 없는 모자 가정이 더 나을지도 모른다.

일본에서 이혼으로 인한 친권 귀속에는 '희한한 일'이 있다. 1966년에 남편 친권에서 아내 친권으로 전세가 역전된 점이다. 그 전에는 남편 친권이 압도적으로 많았다. 즉 이혼이라고 하면 아내가 시댁에 아이를 두고 몸만 빠져나간다는 의미였다. 물론 남겨진 남편이 부자父子 가정을 이루어 아이를 키웠다는 뜻이 아니다. 남편 친권이 가능했던 이유는 시댁에 아이를 키워줄 일손인 시어머니가 있었기 때문이다. 대를 이을 아이는 놔두고 나가라는 것이 여성의 이혼이었다.

많은 여성이 이혼을 단념한 이유도 아이와의 생이별을 가장 두려워했기 때문이다. 아내가 친권을 가지는 이혼이 증가한 것은 많은 여성들이 아이를 데려가면 생길 경제적 곤란을 이유로 친권을 포기하기보다는 당장은 생활고에 시달리더라도 아이와 떨어지지 않아도 되는 이혼을 선택했기 때문이다.

이혼 싱글과 사별 싱글이 비혼 싱글과 다른 점은 자식이 있느냐 없느냐이다. 일본에서 **자식은 노후의 큰 자원**이라 여긴다. 소위 돌싱 여성의 대부분은 사별이나 이혼으로 남편은 없어도 자식이라는 '가족이 있는' 데 반해, 돌아온 싱글 남성의 사정은 완전히 다르다. 남성은 이혼과 동시에 아내는 물론이고 자식도 모두 잃는다.

이혼의 이유가 '폭력'이나 '이성 관계'라면 이혼 전부터 가족 관계가 험악했을 터, 자연히 자식은 헤어진 아버지를 만나길 꺼리는 경향이 있다. 이혼 서류에 도장을 찍기 직전까지 오랫동안 아이들은 어머니에게서 아버지에 대한 험담을 귀에 못이 박히도록 들었다. 아이가 철이 들 나이쯤 되어 "아빠랑 엄마는 헤어졌는데 넌 누구랑 살래?"라고 물으면 스스로 나서서 아버지를 선택하는 아이는 좀처럼 없다. 이전부터 아버지다운 면모를 보인 적이 없다면 부모 자식 사이의 끈끈한 정도 없기 때문이다.

'아름다운 이혼'은 왜 어려울까?

부부는 본디 남남이라지만, 부모 자식 간은 이혼해도 부모 자식이다. 일본에서는 공동 친권을 인정하지 않을 뿐 아니라 이혼한 남편이 자식을 만나거나 연락할 수 있는 면접 교섭권을 강하게 주장하는 경우도 적다. 헤어진 아버지가 원래 가족과 이렇게까지 연이 끊어지고 마는 데는 이혼에 이르기까지 장벽이 높을뿐더러 어지간히 상대를 증오하지 않고서야 이혼하기 힘들다는 일본의 사정이 배경에 깔려 있는 듯하다. 한결 가벼운 마음으로 '아름다운 이혼'이 가능하다면 이혼한 후 만남도 조금 더 쉬워지지 않을까? 헤어지기는 해도 한때는 사랑했던 사이가 아닌가.

하지만 자료에 따르면 이혼 후 남성들의 무책임한 태도는 심각하다. 아직 미성년자인 아이의 양육비에 대해 어떤 형태로든 약속을 하는 비율은 이혼한 남편의 약 80% 정도다. 그러나 이혼하기 가장 수월하다는 협의 이혼의 경우에는 아내가 '아무것도 필요 없으니 좌우지간 헤어지자'고 위자료도, 재산 분배도, 양육비도 청구하지 않는 경우가 많다. 양육비를 청구한다고 해도 기껏해야 월 30만 원 내지 50만 원 정도가 태반이다. 그마저도 이혼 후 반년 정도는 약속대로 송금을 하지만 얼마 못 가 중단하기 십상이고 1년 후에는 송금을 거의 하지 않는 경우가 허다하다.

이혼한 남성이 재혼이라도 하게 되면 새로 꾸린 가정에도 돈이 들어가므로 예전 가족을 우선시할 수는 없게 된다. 더군다나 실업자가 되거나 정리해고라도 당하면 자기 한 몸 건사하기도 힘들어진다. 일본의 아버지는 이혼과 동시에 이토록 손쉽게 '자식을 버리기' 때문에 이혼으로 헤어진 아버지가 나이를 먹어 초라해져 원래 가족에게 기대려 해도 자식들은 아버지를 보살필 마음이 생기지 않는다.

그러니 이혼이란 남자를 가족들이 몰아내어 알몸뚱이

'싱글'로 만들어버리는 경향이 있다. 결혼을 해도 남성에게는 사별의 위험 말고도 이혼의 위험이 기다리고 있음을 이 세대는 각오해둘 필요가 있다.

홀로 남겨진 경우

남성 중에서 배우자가 살아 있는 비율이 가장 높은 세대는 60대로 85%다. 오래 살다 보면 아내가 먼저 사망하는 경우도 있긴 하지만, 60대는 아직 부부가 함께 사는 연령대다. 그러니 자연스럽게 아내가 있는 사람의 비율이 높을 수밖에 없다.

그도 그럴 것이 이 세대가 '**결혼 대환영 세대**'였기 때문이다. 40세까지 한 번이라도 결혼한 경험이 있는 사람의 비율을 누적 혼인율이라고 하는데, 1960년대 중반은 일본의 누적 혼인율이 거의 100%에 가까운 '전원 결혼 사회'(남성 97%, 여성 98%)가 된 시기이며, 지금의 70대는 바로 그때 결혼한 사람들이다.

혼인율은 그 시대에 정점을 찍었는데, 그 이전에도 낮은 편이었고 이후로도 점점 낮아진다. 자료에 의하면 평생 결혼하지 않는 남성의 비율은 70대가 2%, 80대가 1% 미만이다. 이들은 '남자라면 결혼하는 게 당연'한 시대에 태어나

자랐고 별 탈 없이 아내를 맞이할 수 있었던 사람들이다. 특히 70~80대라면 전쟁 탓에 남성 인구가 동이 난 시기였기 때문에 결혼할 마음만 먹으면 결혼 상대는 도처에 얼마든지 있었으리라.

60대부터 늘기 시작하는 이변

사별 싱글 남성은 60대부터 슬슬 늘어난다.

2005년에 실시한 국세조사에 따르면 60~64세에 3.2%, 65~69세에 5.0%, 70~74세에 7.9%, 75~79세에 12.3%가 아내를 먼저 떠나보낸 사별 싱글 남성들이다. 남성의 평균 수명인 79.3세(2008년 기준)를 넘기면 사별 싱글이 부쩍 늘어 80~84세에는 18.9%에 달한다. 참고로 평균수명이란 0세를 기점으로 그 후 생존할 수 있는 평균 연수를 말한다. 0세에 죽지 않은 건강한 사람들이 80세를 넘길 확률은 남성이 58%, 여성이 78%. 남성 2명 중 1명은 80세를 넘기고, 그 나이에 아내가 없는 남성은 5명 중 1명꼴이다.

여성의 평균수명은 86.1세이다(2019년 한국인의 평균수명은 82.7세로, 여성은 85.7세이다―옮긴이). 남성이 이 연령을 넘겨 장수하게 되면 아내가 있는 남성의 비율은 60%까지 떨어진다. 이 연령대만 해도 기혼자가 대다수이므로 '싱글 노후'가 어떻지 와닿지 않는다는 남성이 있어도 어쩔 수 없다.

하지만 남성도 **85세를 넘기게 되면 3명 중 1명은 싱글**이다. 아내가 먼저 세상을 뜨게 되는 변수도 예외가 될 수 없다.

게다가 80대가 넘으면 같은 연령대의 아내가 병구완을 해줄 거란 어설픈 기대는 접는 편이 좋다. 나이 차이가 상당히 많이 나는 아내라면 모를까, 후기 고령자(일본에서는 75세 이상을 후기 고령자, 65세에서 75세 미만을 전기 고령자라고 부른다—옮긴이)인 아내도 치매에 걸리거나 와병 상태일지도 모르기 때문이다. 아내와 사별하지 않더라도 자신과 마찬가지로 고령인 아내가 간병인 노릇을 할 수 있을지 어떨지는 미지수다.

이 세대의 특징은 '이혼 싱글'이 눈에 띄게 적다는 점이다. 70대 중반 이상 이혼 싱글의 비율은 1%대에 불과하다. 이 연령대라면 결혼 50주년을 맞이한 금혼 커플이 많겠지만, 같이 오래 살았다고 해서 꼭 부부 사이가 원만한 것은 아니다. 남편과 사별한 이 세대 여성들로부터 **"결혼이라면 이젠 정말 신물이 날 지경이야. 내가 두 번 다시 하나 봐라."** 라는 말을 늘 듣기 때문이다.

하지만 황혼 이혼을 결심하는 여성은 많지 않다. 2007년 4월부터 이혼 시 연금분할지급제도가 시행되었지만 황혼 이혼이 급증했다는 뉴스는 듣지 못했다. 연금분할제도로 아내가 받을 수 있는 연금액은 2분의 1이다. 그렇다면 이혼해서 남편 연금을 절반 받느니보다는 이왕 남편 간병을 하는 김에 조금만 더 참고 하다가 4분의 3이나 되는 **유족연금을 받는 편이 더 낫다**는 계산이 나온다.

대체로 60대 이상 세대는 남성 대부분이 결혼했고, 결혼 안정성이 현저히 높으며, 아내가 살아 있는 동안에 세상을 떠나는 남성이 다수다. 그러나 일본 역사상 이런 사람들은 이 세대가 처음이자 마지막일 것이다. 단언컨대 앞으로 이런 세대는 절대로 나오지 못한다. 다음 세대부터는 대부분의 남성들에게 결혼할 수 있다는 조건이 사라지고, 결혼 안정성 역시 현저히 떨어지기 때문이다.

싱글 남성의 노후는
어떨까

싱글 남성의 유형에 대해 알아봤으니, 이제 각자 어떤 노후를 맞이하는지 구체적인 프로필을 살펴보자.

비혼 싱글 기요시 씨

기요시 씨는 54세. 막내아들로 어머니 사랑을 독차지하며 자랐다. 대학 입학을 계기로 도시로 나가 일단 그곳에서 취직했지만 근무처가 불황으로 도산하고 말았다. 아버지가 점점 나이가 들면서 마음이 불안해진 어머니가 돌아오라고 하시기에 40대에 고향으로 돌아왔다. 독신이었기 때문에 가뿐한 마음으로 귀향했다.

그 당시 급한 대로 신세를 지게 된 지금 회사도 어영부영 10년 넘게 다녔다. 전형적인 소규모 가족기업으로 사장 외에 사원이라고 해봐야 비정규직 여성 사무원과 기요시 씨뿐이었다. 10년 전부터 줄곧 급여는 오르지 않았지만 사장의 형편을 잘 알고 있기에 무리한 요구는 하지 않는다.

회사 사장에게는 친아들이 있지만, 그는 아버지로부터 독립을 했고 후계자가 될 생각도 없어 보인다. 불황으로 업계 실적이 점점 떨어지자 사장은 회사를 접을까도 생각하는 것 같다. 사장에게 뒤를 이어달라는 부탁을 받을 가능성은 없지만, 설령 부탁을 받더라도 이 업종에 미래는 없을 듯하다. 사장의 친아들이 아니라서 다행이긴 하지만, 막상 일거리가 없으면 이 나이에 특별한 재능도 없는 자신을 고용해줄 곳 따위는 이 시골에 없을 거라는 생각이 든다.

고향에는 일이 없기 때문에 고등학교 시절 친구들은 대부분 도시로 떠났다. 자신처럼 고향으로 되돌아오는 이들은 '낙오자 그룹' 취급을 받기 때문에 마을에 나가도 마음이 편안하지 않다.

기요시 씨가 돌아온 직후 "네 아버지랑 함께 있자니 따분해서 못 살겠다."라고 불평하시던 어머니는 큰맘 먹고 기요시 씨가 좋아하는 음식들을 만들거나 하면서 그런대로 건강하셨다. 그로부터 얼마 지나지 않아 아버지가 뇌경색으로 쓰러지시자 어머니와 돌아가면서 아버지를 간병하면서 돌아가시는 날까지 돌봐드렸다. "네가 있어준 덕분이다."
라며 어머니는 고마워하셨다.

어머니와 자신이 있기 때문에 안심했는지 도시에 나가
있는 형과 누나들은 이따금 손주를 데리고 병문안을 오는
정도였고 아무런 도움도 되지 못했다. 장례식이 끝나자 찾
아오는 횟수도 부쩍 줄어든 느낌이다. 아버지가 세상을 떠
난 후 어머니는 기력도 완전히 떨어지셨고 요즘은 건망증
도 심해지셨다.

어머니의 연금과 자신의 월급으로는 **먹고살기도 빠듯하
다**. 아버지가 남기신 집이 있기 때문에 어떻게든 먹고살 수
는 있지만 이 집도 낡아서 빗물받이 수리며 배수관 교체
등 돈이 꽤 들어간다. 어머니마저 돌아가시면 어쩌나 하는
걱정에 안절부절못한다.

어머니는 고지식한 남편과 평생을 살았듯 막내아들인 자
신도 바지런히 챙겨주셨다. 그 덕분에 아무런 불편함도 느
끼지 못하고 살았다. 집에 돌아가면 목욕물이 데워져 있고,
밥상도 차려져 있었다. 세탁한 옷도 개어져 놓여 있었다. 결
혼 같은 건 생각하지 않아도 되었다. 가끔씩 얼굴을 마주치
는 근처 아주머니들의 호기심 어린 시선이 불편했지만 맞
선 이야기를 꺼내는 사람도 없었고, 젊은 여자들은 도시로

나가서 남아 있는 사람이라곤 없었다.

이혼하고 친정으로 돌아온 여자와 교제를 해본 적도 있지만 왠지 주눅이 들었고, 젊은 여자는 기가 세서 별로였다. 게다가 자신이 이 나이 되도록 숫총각이라는 사실을 말할 수가 없었다. 성매매 업소 여자와는 경험이 있어도 그 외에는 성 경험이 없는 남성을 '아마추어 동정남'이라고 부른다는 사실도 알게 되었다. 하지만 업소 여자가 아닌 평범한 여자들은 무슨 생각을 하는지 알 수가 없기 때문에 귀찮다. 마음이 내키면 이웃 마을 대여점에서 성인용 DVD를 빌리면 된다. 여자가 없어도 별로 불편하지 않다.

허나 어머니가 치매에 걸리거나 병들어 몸져누우시면 어쩐단 말인가. 집안일은 아무것도 해보지 않았다. 혼자 차 한 잔도 끓일 줄 몰랐던 아버지와 다를 바 없다. 최근 어머니가 입원 검사 때문에 며칠 동안 집을 비웠을 때도 매일 편의점 도시락으로 때우며 지냈다.

돈, 가사, 간병…… 걱정거리가 산더미지만 가급적 생각하지 않으려고 한다. 정년까지 지금 일을 계속할 수 있으리란 보장도 없는데 내 노후는 어찌 되는 걸까. 그다지 가까운 사이도 아닌 조카 남매가 자신을 보살펴주리라고는 꿈도 꿀 수 없다.

이혼 싱글 고지 씨

고지 씨는 64세. 20년 전에 동갑내기 아내와 이혼했다.

이혼 당시 열두 살과 열다섯 살이 되는 딸이 둘 있었다. 고지 씨가 몇 번이나 바람을 피운 게 원인이었다. 업계 잡지 기자였던 고지 씨는 결혼 전에도 결혼 후에도 여자와 염문이 끊이지 않았다. 아내가 너그럽게 봐주고 있다고 생각했지만 착각이었다.

둘째 딸을 중학교에 입학시키고 나서부터 아내는 본격적으로 직장에 복귀할 태세를 갖추며 그때까지 계속하고 있던 아르바이트를 풀타임으로 바꿨다. 아무래도 때를 봐서 말을 꺼낼 심산이었던 것 같다. 눈치를 챘을 때는 이미 준비가 다 끝나 있었다. 가벼운 기분으로 피우기 시작한 바람이었지만 아내의 결심은 확고해서 "반성하고 있으니 용서해줘."라고 사과하는데도 결정을 번복하지 않았다.

이혼을 요구하기 전까지 아내는 두 딸을 완전히 자기편으로 만들었기 때문에 사춘기 딸들은 "아빠는 불결해."라고 말하며 상대도 해주지 않았다. 어렸을 때는 함께 목욕도 하고 나름대로 귀여워했건만. 조금 더 크면 데리고 다니면서 연인 기분이라도 내려고 했건만. 그 직전에 일이 터지고 말았다. 아무래도 예민한 나이였던 모양이다. 어른들 세계를 아직 딸들이 이해하기는 힘들었던 것 같다.

아내는 좌우지간 헤어지고 싶다는 주장을 굽히지 않았다. 다 필요 없으니까 대신 아이들 학비만큼은 당신이 대라는 말에 그러겠노라 약속을 했다. 둘째 딸이 대학교를 졸업할 때까지 약속을 지키고서야 겨우 마음의 짐을 덜었다. 맏딸이 몇 년 전에 결혼을 했다는 통지를 받았지만 청첩장은 오지 않았다. 아내는 자식들을 다 키우고 나서 재혼을 한 모양이다. 그 재혼 상대가 딸의 결혼식에 아버지로 나갔을 테니 친아버지인 고지 씨를 부르기에는 상황이 여의치 않았을 것이다.

이혼한 후에도 여자들과는 계속 만났고 한때는 싱글의 자유를 누리기도 했지만 어떤 여자와도 이제 와서 가정을 꾸릴 마음은 들지 않았다. 정신을 차리고 보니 백발이 성성했다.

불황 탓에 업계 전체가 기울어 그 업계에 빌붙어 있던 업계 잡지도 부진에 허덕이게 되었다. 회사는 대담한 구조조정안을 내놓았다. 조기 정년에 응하면 퇴직금을 더 얹어 준다는 조건이었다. 회사 형편이 더 어려워져 퇴직금도 받지 못하고 쫓겨나기 전에 주는 돈 받고 나가는 게 낫겠다 싶어 2년 이른 58세에 조기 정년을 선택했다. 당분간 퇴직금과 실업급여로 유유자적 살아야겠다고 생각했지만 연금을 받을 때까지는 아직 어느 정도 시간이 남아 있었다.

업계 잡지 기자로 일하면서 취재하고 기사를 쓰는 일은 재미있었고 경영자들을 인터뷰하는 것도 즐거웠다. 일을 취미처럼 생각했기 때문에 **일을 그만두고 나자 무엇을 해야 좋을지 어찌할 바를 몰랐다.** 퇴직하자 '전前 기자'라는 직함은 아무런 도움도 되지 않았다. 아는 사람에게 부탁해서 아르바이트로 자유기고 같은 일이라도 해볼까 생각했지만, 아무래도 젊은 사람이 부리기 쉬웠는지 나이 많은 그에게까지는 일감이 돌아오지 않았다.

그도 그렇지만 무엇보다도 미디어 환경이 확 달라져서 종이 매체는 어느 분야든 점점 쇠퇴하는 추세라는 것이 문제였다. 회사에 남은 직원들만으로도 죽을 지경에 그와 같이 그만둔 사람에게까지 돌아갈 일감은 없어 보였다.

그러기는커녕 퇴직금을 잘도 '먹튀'했다는 시샘 어린 시선이 느껴져 예전 동료들에게 말을 걸기도 조심스럽다. 처자식이 있는 예전 친구들에게서는 동정의 시선이 느껴지고, 문득 고개를 들어 보니 마음 편하게 말을 나누며 어울려주는 동성 친구가 아무도 없다. 여자들은 고지 씨의 미적지근한 태도에 정나미가 떨어져 하나둘 떠나갔다.

요즘 들어 아침에 일어나도 머리가 무겁다. 갈 데도 없고 사람들을 만나기도 꺼려진다. 예전에 비하면 시간도 몸도 여유가 있는 생활인데도 나른함이 가시지 않는다. 이게 초로初老의 우울증인가 생각하면서도 정신과 문지방을 넘을 마음은 들지 않는다. 이러다가 병명이라도 진단받으면 기분이 더욱 침울해지지 않겠는가.

이렇게 몸이 망가지면 누구에게 말해야 할까. 예전 가족은 각자의 인생을 살면서 전 남편이나 친아버지는 마음속에서 몰아낸 지 오래일 텐데 말이다.

사별 싱글 요헤이 씨

요헤이 씨는 82세. 4년 전 세 살 연하인 아내가 암으로 세상을 떠났다. 그 전부터 아내의 투병을 곁에서 지켜봤으므로 아내가 먼저 저세상으로 가리라는 각오는 하고 있었다.

융자금을 다 갚은 집은 아내가 떠나자 텅 비어 쓸쓸한 느낌이 들었다. 정원 손질도 내팽개친 지 오래여서 잡초가 무성했다. 딸 둘과 아들 하나는 모두 자립해서 떠나버렸고, 자식들이 각자 쓰고 있던 방도 모두 창고나 다름없는 상태로 방치되어 단독주택 안에 공간이 남아돌고 있다.

좀 더 아담하고 살기 편한 아파트로 이사라도 갈까 싶지만 이 집은 큰맘 먹고 대출을 받아 구입한 것이고, 아내와 함께 아이들을 키우던 추억이 고스란히 담긴 집이 아닌가. 애착이 가서 도무지 남에게 넘길 생각이 들지 않는다. 조만간 딸들 중 하나가 같이 살자고 할지도 모르고······.

아내가 살아 있을 때는 설날이 되면 모두가 손주들을 데리고 한데 모여 민박집처럼 북적거렸다. 넓은 집도 어찌나 좁게 느껴지던지. 시집간 딸들도 걸핏하면 아이를 데리고 찾아왔는데, 아내를 먼저 떠나보낸 후부터는 가끔 걱정스러운 듯 손수 음식을 만들어 가지고 오는 정도이고, 그나마도 차나 한잔 마시고는 서둘러 총총 돌아간다. 원래부터 아웅다웅하던 아들 녀석은 어머니가 돌아가시고 난 후부터 좀처럼 찾아오지 않고, 며느리는 가끔 얼굴을 보는 정도라 영 서먹서먹하다.

집에서 가까운 곳에 위치한 직장에서 정년이 될 때까지 근무했다. 그 덕에 혼자 살기에는 충분한 액수의 연금을 받고 있다. 자식들 특히 아들에게 머리를 조아리며 용돈을 받지 않아도 되는 것은 그 덕분이다. 오히려 손주 생일이나 진학에 그럭저럭 축하금이라며 내미는 돈을 자식들은 지금도 의지하고 있는 것 같다. 손주는 '할아버지는 선물 사주는 사람'이라고 여기지만 할머니에게만큼 살갑게 굴지는 않는다.

요헤이 씨는 애당초 인간관계의 범위가 좁고 말수가 적은 편이었다. 아내와 단둘이 있어도 대화를 오래 하는 법이 없었고 텔레비전은 언제나 켜놓은 채 살았다. 말이 없어도 그다지 힘들지는 않았지만 그것도 아내가 곁에 있다는 데서 들었던 안도감 덕분이었다는 사실을 아내가 죽고 나서야 깨달았다.

그렇지 않아도 몇 안 되는 동성 친구들의 부고가 줄줄이 이어지고 있다. 요즘은 밖에 나가기도 썩 내키지 않아 장례식에도 불참하고 있다. 게다가 한 달에 장례식이 몇 건이나 되다 보면 부의금도 만만치 않다. 이렇게 지인들이 다 죽으면 자신의 장례식에는 도대체 몇 명이나 올 수 있을까 하는 생각이 들 때가 있다. 아내의 장례식 때는 꽤 많은 화환이 보내져 왔지만 그것도 자기가 아직 살아 있었기 때문이었다. 자신이 죽으면 분명 가족들끼리 조촐하게 장례식을 치르겠지.

요즘 눈에 띄게 체력이 떨어졌다. 고혈압 약을 달고 사는 데다 당뇨병 기미도 있다. 부정맥도 나타나기 시작해 종종 비틀거리기까지 한다. 딸들은 간병이 필요한 상태임을 인정(확인)받는 것이 좋지 않겠느냐고 말한다. 하지만 다른 사람이 이 집에 들락거리는 것은 내키지 않는다. 이대로 이 집에서 혼자 살아갈 수 있을지 불안감이 엄습한다.

하지만 딸들도 아들도 "아버지, 함께 살아요."라고는 말하지 않는다. 아무래도 자식들은 아버지를 받아줄 요양원을 상담하기 시작한 것 같다.

남성에게
'싱글력'이 있을까

앞에서 언급한 비혼 싱글 기요시 씨, 이혼 싱글 고지 씨, 사별 싱글 요헤이 씨의 프로필들은 약간 희화화해서 서술한 것이다. 자신은 이 유형 중 어디에도 속하지 않는다고 생각한다면 합격이다.

이런 식으로 나눈 유형이 연령이나 세대와 직접 대응하지는 않는다. 어느 세대에나 세 가지 유형이 조금씩 섞여 있고 그 비율이 다른 것뿐이다. 이렇게 썩 유쾌하지도 않은 유형 구분을 하는 이유도 싱글 남성은 비혼·이혼·사별 및 혼자가 되어가는 과정에 따라서 생활, 가치관, 교우 관계, 라이프 스타일 따위가 크게 차이 나기 때문이다. 서로서로 친구가 될 수 있다고도 생각하기 힘들다.

게다가 여성에 비해 곤란한 과제도 많다. 그래서 **싱글 남**

성의 이야기는 좀처럼 **유쾌한 내용이 되지 못한다.**

이래서 남성은 번거롭다. 여성은 원래 싱글이든 사별 싱글이나 이혼 싱글이든 일단 혼자가 되면 다들 똑같지만, 남성은 그렇지 않기 때문이다. 여자라면 비혼 싱글이라도 아무도 없는 집에 혼자 있게 되면 자신을 위해 스스로가 '주부 역할'을 한다는 점은 같고, 생활의 지혜나 가사에 필요한 기술도 몸에 배어 있다. 기혼 여성 역시 점점 혼자가 되는 '가족의 축소화'를 경험하며, 자식이 있다 해도 이미 성인이 되어 따로 산다면 혼자 사는 일상에는 변함이 없다.

물론 그렇다고 해서 남성에게 싱글로 살아갈 내성耐性과도 같은 '싱글력'이 없다고 단정할 수는 없다.

전근을 경험한 대기업 샐러리맨 중 약 절반은 가족과 떨어져 홀로 다른 지역에 부임한 경험이 있다는 자료가 있다. 자취하면서 어려움도 겪었겠지만 혼자가 된 해방감을 맛본 남성도 있을 터이다. 게다가 자취 경험이 있는 남성은 상황이 절박하기 때문인지 꽤 착실하기도 하다. 배우자를 고를 때는 자취를 해본 남자가 최고라는 조사 자료도 있다.

과연 싱글 남성의 생존 기술은 여성과 어떻게 다를까?

간병하는 남성들

사별이라는 '변수'도 있지만 간병이라는 '변수'도 있다.

아내와 이혼 혹은 사별한 경우는 대개 애초부터 남성이 간병을 받는 처지에 놓인다고는 거의 상상하지 않지만, 간병하는 처지가 된다고는 더더욱 상상하지 않는다.

그러나 자료를 보면 남성도 간병인이 된다.

40대부터 여성의 유방암 발병률이 현저히 늘고 치매에 걸리는 여성도 있다. 난치병이나 지병으로 오랜 투병 생활에 들어간 아내를 간호하는 처지가 된 남성도 있다. 유방암이 발견된 환자를 문진하던 의사에게서 "남편분이 곁에 계시면서도 이 지경이 될 때까지 어떻게 모르셨단 말입니까?"라는 질책을 받았다는 일화가 있다. 아내 가슴을 주무르는 담당은 남편이라고들 생각하는 눈치지만 섹스리스가 된 지 오래인 부부도 있다. 그런데도 부부가 함께 사는 동안은 **부부간에 간호나 간병을 떠맡는 것이 당연지사가 되었다.**

늘어가는 남성의 가족 간병

요즘 가족을 간병하는 남성의 비율이 높아지고 있다. 2009년판 『고령사회백서』를 보니, 함께 살면서 가족을 간병하는 사람의 28%는 남성이라는 내용이 있어 놀란 적이 있다. 집에 있으면서 가족을 **간호하는 사람 4명 중 1명 이상은 남성**이라는 소리다.

친족 관계로 보면 가장 많은 비중을 차지하는 사람이 남편이며, 그다음은 아들이고, 사위는 거의 제로에 가깝다.

고령자가 자식들과 동거하는 비율이 낮아지고 부부 단둘이 사는 세대가 늘면서 어느 한쪽이 쓰러지더라도 부부지간에 어떻게든 해결해보려는 습관이 단기간에 정착했다. 자식 세대는 도움의 손길을 내밀지 않는데다 설령 어떻게든 돕고 싶다고 해도 멀리 떨어져 있어 도움이 되지 못하는 경우가 허다하다. 부부 세대인 **아내 쪽에서도** 희망하는 친족 간병인 역시 **딸이나 며느리보다** '배우자'가 우선순위에 오는 비율이 높아졌다. 단, 이 선택은 부부 사이가 원만한 경우에 한해서다.

10년쯤 전에 당시 다카쓰키시의 시장이었던 에무라 도시오江村利雄 씨가 아내를 간병하기 위해 시장직을 사임했다는 뉴스가 보도되었다. '시장은 대신할 사람이 있지만 아내의 간병을 대신할 사람은 없기 때문'이라는 것이 사직을 결심한 이유였다.

미담으로 보도되었던 모양이지만 다카쓰키시 공무원들에게도 가족 중 간병이 필요한 사람이 생기면 사직을 권할 텐가. 시장이라면 간병이 필요한 가족이 있어도 누구나 안심하고 계속 일할 수 있도록 구조를 개선할 책임이 있을 터인데, 시장이 솔선해서 사임하다니…… 자신이 몸담았던 지자체에는 가족 간병을 안심하고 맡길 수 있는 제도가 갖춰져 있지 않다는 사실을 도리어 인정하고 만 꼴이다.

남성의 간병도 희소가치가 있을 때는 미담이 되지만, 동거하는 가족 간병인 4명 중 1명이 남성이라는 자료를 보면 이미 남성 간병인도 예외라고 말하기는 어렵다. 이 수치는 남성의 육아휴직률(2008년 1.23%)을 훨씬 웃도는 것이다. 남성은 자신의 아이를 돌보기 위해 일을 쉬지는 않지만 가족의 간병은 적극적으로 받아들이는 듯하다.

그렇다면 남성은 어떤 경우 간병을 떠맡을까?

대다수의 남성 가족 간병인이 간병을 결심한 이유로 자

신이 무직이거나 정년퇴직자라는 점을 꼽는다. 현재 일을 하고 있는 남성이 간병을 위해 퇴직을 선택하는 사례는 적다. 아내의 간병비나 의료비를 마련하기 위해서라도 일을 그만둘 수는 없다. 이런 경우에는 병원에 입원을 시키든지 가사 도우미에게 부탁하든지 해서 돈으로 외주를 맡긴다. 여성이 '간병 퇴직'을 선택하는 것과는 대조적이다.

남편에게 보살핌을 받는 아내는 행복할까

여기서는 고령 부부의 경우에 한해 이야기해보기로 하자.

"남편분께서 간병을 다 해주시다니 참 행복하시겠어요." 라고 남편의 간병은 미화되기 쉽다. 주위에서는 남편을 "정말 자상한 남편이시네요."라고 치켜세우고 "부인께서는 참 행복하시겠어요."라며 아내를 부러워하는 눈길로 바라본다. 그런데 의심 많은 나는 남편에게 간병받는 아내는 정말로 행복할까 의심이 들었다.

영국의 클레어 엉거슨이라는 연구자는 '남성이 가족 간병을 떠맡는 시기'에 관한 상세한 사례들을 연구하고 있다.[3] 그 연구에 의하면 아내 간병은 정년이 지나 할 일 없는 남성에게 일을 대신해 새롭게 열중할 대상으로 선택되는 경우가 많다고 한다. 또한 오랜 세월 고생시킨 아내에게 빚을 갚을 때가 왔다는 속죄 의식에서 간병을 담당하는 남편도 있는 듯하다.

가족사회학자인 사사타니 하루미 씨는 일본에서 실제로 아내를 간병하는 고령자 남편의 사례를 연구 대상으로 삼았다.[4]

정년 후의 남편은 아내가 간병을 필요로 하는 상태가 되면 사명감을 느껴 '내가 나설 차례다!' 하며 열정적으로 임하는 경우가 있다. 일하면서 익힌 노하우나 경험을 살려 아내의 약 복용을 챙기거나 생활을 관리하고 간병 지원 전문가와 상의에 나서는 등 척척 일을 해내는 점은 여성보다 훨씬 능숙하다. 아내의 몸 상태를 체크하는 것이 사는 보람처럼 느껴져 매일 아침 체온과 혈압을 재고 컴퓨터에 기록을 남기거나 인터넷으로 정보를 수집해 여러 가지 간병 방법이나 간호 요령을 시험하기도 한다.

사사타니 교수는 이런 유형의 남편 간병을 '**간병자 주도형 간병**'이라 일컫는다. 즉 남편이 간병을 주도하고 간병받는 아내는 불평 한마디 없이 따르는 경향이 있다는 것이다. 그렇지 않아도 의존적이었던 아내는 병이나 간병으로 더더욱 남편에게 완전히 의존하는 존재가 된다. 이처럼 남편의 존재 이유는 높아지고, 아내에 대한 지배력은 강해지며, 이는 '애정'이라는 이름으로 점점 미화된다.

아내를 지배하려는 힘은 세지고

간병을 받는 처지에 놓이면 너도나도 어려운 일이 많다. **'바람직한 간병'**이란 누가 뭐래도 **간병받는 사람이 원하는 간병**을 말한다. 남편에게 간병받는 아내는 간병에 불만이 있어도 불평하기를 꺼린다. 남편 뒷바라지가 아내의 '본분'일진대 그러기는커녕 오히려 처지가 뒤바뀌어 남편에게 병구완을 시킨다는 싸늘한 시선으로부터 자유롭지 못한 아내가 많을 텐데, 그 상황에 불평이라니 어불성설이다.

간병이나 의료에 대한 생각이 서로 달라도 간병받는 아내가 남편에게 이의를 제기하기는 힘들다. '당신 좋을 대로' 하라며 자신을 인체 실험 재료라도 되는 양 내놓는 아내도 있다. 이쯤 되면 그야말로 '간병받는 봉사'나 매한가지다.

남성의 간병에 찬물을 끼얹으려는 것이 아니다. 간병은 베푸는 쪽과 받는 쪽 사이에 **강자와 약자라는 역학 관계**가 생긴다. 간병하는 쪽은 강자에 속한다. 며느리처럼 가장 종속적 처지인 가족에게 간병을 받든, 간병비를 지불하고 전문 간병인에게 간병을 받든 다 마찬가지다. 그렇지 않아도 간병인은 강자인데, 원래부터 강자였던 남편이 간병인이 되면 어떨지가 문제다.

간병이란 간병받는 쪽이 원하는 간병 서비스를 해주는 것이 기본이다. 간병하는 쪽이 주도해서는 안 된다. 남성 간병인을 자처하는 남성은 이 점을 간과하기 십상이다. 남성 간병인 스스로가 경계해야 마땅하다. 사랑하는 남편이 간병을 해주는 것은 기쁘지만, '내 기분에 맞춰 해줘야 좋지'라는 점에서는 섹스와 마찬가지리라.

서로를 돌보는 노노老老 간병의 비극

남성의 간병은 비극을 일으키기도 한다.

고립되어 궁지에 몰린 '노후 간병'은 아내가 남편을 돌보든 남편이 아내를 돌보든 마찬가지다. '차라리 눈 딱 감고……'라고 생각하는 간병인도 적지 않겠지만 남편은 이를 실행에 옮기니 문제다.

2009년 9월, 병들어 몸져누운 59세 아내를 간병하던 63세 남편이 일으킨 살인미수 사건의 첫 공판이 보도되었다. '아내를 죽이고 나도 죽자'는 생각에 아내를 제 손으로 죽이려 했지만 실패했고, 그 후 자신도 죽지 못해 살인미수로 기소되었다. 남편은 '아내를 사랑해서'라고 했고 아내도 엄벌을 원하지 않는다지만, 이것을 '사랑'이라 할 수 있을까?

예전에는 막다른 골목에 몰린 부모와 함께 '일가족이 동반자살'했다는 말을 했지만, 최근에는 '부모가 아이를 살해'하고 '본인도 자살'했다고 나누어 생각하는 경향이 있다. 자살 충동을 느낄 만큼 절박한 부모가 홀로 죽는 것은 본인의 선택이다. 아이를 황천길에 길동무 삼을 이유는 없다. 하지만 '내 자식을 남겨두고 죽을 수는 없다'는 잘못된 '소유 의식' 때문에 자식 살해 사건이 일어난다. 내가 죽어도 아이는 살아갈 수 있으며 누군가가 아이를 돌봐주리라는 믿음만 있다면, 아이는 놔두고 자신만 죽으면 그만이다.

이렇게 생각하면 이 남편도 아내에게 '사랑'이라는 이름의 '소유 의식'을 가지고 있었던 게 아닐까. 내가 없어도 누군가가 아내를 돌봐주리라는, 사회를 신뢰하는 마음만 있었더라도 안심하고 죽을 수 있을 텐데 말이다. 죽음을 떠올릴 정도로 괴롭다면 제3자에게 도움을 구할 수도 있고 차라리 이혼을 해서 아내를 생활보호 대상자로 해 공적 원조를 청할 수도 있다. 간병보험이 시작되어 10년 가까이 지나도록 다양한 공적 지원 프로그램을 알려줄 만한 사람이 이 남성 주변에는 한 사람도 없었던 것일까.

아내가 남편을 간병하는 경우 간병 학대가 일어난 사례는 있지만, 간병 살인은 가해자 상당수가 남성이며 피해자는 여성이 대부분이다. 여성이 간병이 필요한 상태가 되면 마음 놓고 잠도 푹 들 수 없을뿐더러, 간병인에게 살해당할 지도 모른다는 우려를 가지는 것이 자료를 살펴보면 꼭 기우만은 아니라는 생각이 든다.

섹스,
언제까지 가능할까

'언제까지 가능할까?' 섹스에서 은퇴는 없다는 남성의 현역 섹스 지향은 '비장'하다고 하리만큼 강력한 듯하다. 하지만 아내가 와병 생활에 들어가면 '가사 요원'이 사라지는 것뿐만이 아니다. '침대 요원'은 어떻게 될까?

60~70대 싱글 남성의 현역 섹스율은 결코 낮지 않다. 산부인과 의사인 오카와 레이코大川玲子 씨 연구팀의 조사를 보면 싱글 남성이라도 60대는 60% 교제 상대가 있다. 70대가 되면 49%로 떨어지지만 그래도 절반 정도는 된다는 소리다. 오히려 50대는 36%, 40대는 24%로 70대보다 교제 상대가 있는 비율이 낮다. 이 결과는 젊은 세대의 싱글 남성이 '비인기남' 계열 비혼 싱글임을 시사한다.[5]

아내는 행복할지 몰라도…

아키라 씨는 50대 후반 기혼 남성이다. 난치병으로 자리에 누운 아내를 업무가 바쁜 와중에도 짬을 내어 간병하는 남편으로 아름다운 부부애 이야기의 주인공이다. 자식들은 이미 독립해 부부 둘이서만 살고 있다. 수입은 빠듯하지 않기 때문에 출퇴근하는 가사 도우미를 고용하고, 밤에는 자신이 아내를 보살핀다.

이 부부를 실제 알고 있는 어떤 사람으로부터 이런 말을 들은 적이 있다.

"아내야 행복할지 어떨지 몰라도 남편이 참 안됐어요. 남자 50대면 한창 나이인데 성욕을 체념하고 살아야 하다니 말이에요……."

어럽쇼, 그 사람은 섹스는 부부끼리만의 일이라고 생각하는 모양이다. 나라면 그토록 아내를 아끼는 멋진 남성의 애인이 되어 "당신 덕분에 나는 아내 간병에 전념할 수 있어. 고마워."라는 말을 듣고 싶건만. 싱글은 이럴 때 진정으로 자유롭다. 이런 생각이나 하는 나는 대체 남성 편만 들고 여성에게는 적이 될 심보일까?

60대, 70대에도 성욕은 있다. 병으로 몸져누운 아내를 '간병 강간'하는 남편도 있을 것이다. 집에 있으면서 간병을 절대적으로 필요로 하는 여성이 강간을 당한 사례가 보고되고 있으며, 같은 노인홈에 거주하는 남성으로부터 강간을 당했다는 와병 상태의 여성도 있다. 자료만으로 보면 강간 대상에 '유통기한'이란 존재하지 않는 모양이다.

부부애와 성욕은 별개

성욕에 '유통기한'은 없다. 몸져눕든 치매에 걸리든 이성과 함께 자거나 스킨십을 할 때의 효과는 두루 알려져 있으므로 고령자도 꼭 성기 결합에만 구애받지 말고 다양한 성욕 표출 방법을 궁리할 필요가 있다.

그보다는 합법적인 **평생 섹스 계약**인 결혼이라 하더라도 고령이 되면 한번 좀 따져보고 **슬슬 계약 해지를 해도 좋지 않을까** 하고 싱글인 나는 생각하지만 말이다.

동지 같은 부부애나 오랜 세월 함께 살아온 정은 성욕과는 별개다. 고로 원래 타인이었던 부부가 성별 불문하고 한쪽이 쓰러지면 다른 한쪽이 간병을 해야 하는 부부간 간병을 당연하게 여기는 요즘 추세 자체가 '가족 간병'의 신화를 허무는 일이라는 생각도 든다.

혈연관계에 있기 때문에 혹은 키워주었기 때문에 간병하는 것도 아니다. 남이었던 두 사람이 서로를 선택해 만난

만큼 마지막까지 상대의 인생에 책임을 지고, 상대가 죽는 그날까지 곁에서 지켜보고 싶은 거다. 이런 생각을 하는 배우자가 있다면 없는 것보다야 백배 행복한 것이 기정사실이다. 그러나 그 관계에서 '종신 섹스 계약'은 빼도 좋지 않을까. 그런 거라면 일찌감치 실천하고 있다고 할 남성은 많을 테지만.

무엇보다도 이런 관계는 '계약서'로 성립하는 것이 아니다. 아내가 남편을 간병하는 경우에는 의무감 때문이기도 하지만, 남편이 아내를 간병할 때는 의무감이 전부가 아니다. 왜냐하면 모든 남편이 다 아내의 간병인을 자처하는 것도 아니기 때문이다. 남편이 아내의 간병을 책임질 때 개중에는 '달리 간병할 사람도 없다'는 이유뿐만 아니라 '애정'이 하나의 요인으로 포함되어 있다는 점을 사사타니 씨의 조사에서도 알 수 있다. 그뿐만 아니라 남편이 아내의 간병을 떠맡는다는 말은 바꿔 말하면 아내가 남편의 간병에 몸을 맡기는 것에 합의한다는 것이다.

남편이 자기 몸을 만지는 것은 딱 질색이라는 아내도 있다. 남편의 아내 간병이 성립하려면 아내가 쓰러지기 전까지 부부 사이가 원만해야 한다는 전제 조건이 있어야 하는 것만은 확실해 보인다.

어머니를 간병하는
아들들

남편의 간병뿐 아니라 아들의 간병도 서서히 늘어나는 추세다. 이유는 앞서 말했듯이 고령자와 미혼인 아들이 함께 사는 세대가 점차 증가하는 경향을 보이기 때문이다. 대개의 경우 장수하는 쪽은 여성이므로 이런 세대는 언젠가 고령 여성과 초로의 아들이 남게 된다. 그 외에 가족이 없다면 함께 사는 아들이 간병인이 되는 것은 자연스러운 현상이다. 지금껏 끝까지 집에 남아 있던 미혼의 딸은 부모의 간병을 도맡아 했다. 요즘에는 이혼하고 친정에 돌아온 딸을 포함하여 싱글인 딸은 간병을 담당할 기대주 1순위였다. 그러던 것이 최근 들어서는 성별 불문이 되어버렸다.

2004년에 아쿠타가와상을 수상한 모부 노리오 씨의 『간병 입문』[6]은 싱글맘인 어머니와 무직인 아들, 조모에게는 손자에 해당하는 주인공이 자리보전하고 누운 할머니를 간병한다는 이야기이다. 집에 일손이 있고 그 사람이 무직이라면 딸이든 아들이든 상관없다. 아들이라고 해서 간병에서 해방되는 것은 아니다. 앞서 언급한 싱글 남성의 예를 떠올려보면, 비혼 싱글인 기요시 씨에게도 언젠가 어머니의 간병을 떠맡게 될 날이 올 것이기 때문이다.

며느리보다야 내 아들이 낫지

어머니는 당신 아들에게 신세지기를 싫어하신다고?

지금까지는 '간병은 당연히 동성이 하는 것'이 원칙이었다. 사에 슈이치 씨가 지은 『황락』[7]을 보면 와병 중인 어머니의 기저귀를 서투른 손놀림으로 가는 아들의 이야기가 나온다. 아들이 기저귀를 갈아줄 때 어머니는 얼굴을 돌리고 살짝 발을 오므린다. '자신이 태어난 곳'을 보게 된 아들의 당혹감과 그곳을 아들에게 보이지 않으려는 고령의 어머니가 느끼는 수치심 등을 서정적인 필치로 그려냈다.

그러나 간병 현장을 실감하는 면에서 보면 이런 묘사도 목가적인 축에 속하리라. 자신 말고도 대체 요인인 아내가 있기 때문에 느끼는 '당혹감'이자 '수치심'이기 때문이다.

내 오랜 친구인 쓰토무는 어린 시절에 아버지를 여의고

어머니와 단 둘이 살았다. 어머니의 병 수발을 들고부터는 그야말로 천애 고아가 되어버렸다. 간병보험도 없던 시절 말기 환자였던 어머니의 대소변 시중을 자신이 다 들었다고 털어놓았다. "하기 껄끄럽지 않았어?"라고 묻자 "그런 걸 느낄 여유조차 없었어."라고 딱 잘라 말했다.

간병시설에서는 '동성 간병'이 기본이지만, 이는 남성 간병인이 여성을 간병하는 것에 대한 거부감에서 나온 것이다. 반대로 여성 간병인이 남성을 간병하는 경우에는 누구도 동성 간병을 운운하며 까다롭게 굴지 않는다. 여성이 남성을 보살피는 것은 누구든 당연시하기 때문이다. 그러므로 딸이 아버지의 시중을 드는 경우나 원래 남남인 며느리가 시아버지의 시중을 드는 경우도 어느 한 사람 '거부감' 따위는 느끼지 못했다.

그런데 2006년에 내각에서 실시한 의식조사에 따르면, **희망하는 가족 간병인의 우선순위는 며느리보다 아들이 높다.** 1위는 배우자, 2위는 딸, 3위가 아들이다. 아들 부부가 있더라도 따로 살고 있다면 며느리와는 그다지 가까운 사이가 아니다. 원래 타인이었던 며느리보다는 그래도 육친인 아들이 낫다는 얘기다. 그러나 아들에게 거는 기대만큼 아들이 간병을 잘해줄는지는 두고 볼 일이다.

남성은 간병을 못한다?

야마다 마사히로 씨가 쓴 「남성은 고령자 간병이 불가능하다」[8]라는 도발적 제목의 논문이 있다. 야마다 씨의 조사로는 간병이 필요한 사람들이 누구에게 간병을 받았을 때 '거부감을 느끼는지'를 묻는 질문에 남성은 사위, 며느리, 젊은 여성 간병인, 젊은 남성 간병인, 중년 남성 간병인, 아들, 딸, 중년 여성 간병인 순으로 '거부감을 느낀다'고 응답했다. 한편 여성은 사위, 젊은 남성 간병인, 중년 남성 간병인, 며느리, 아들, 젊은 여성 간병인, 딸, 중년 여성 간병인 순이었다. 선택지에 친족과 인족(혼인으로 맺어진 친척), 딸과 아들, 거기에 연령이라는 여덟 가지 조합을 넣은 아이디어가 탁월했다. 이 간단한 조사에서 재미있는 사실을 알 수 있었다.

결과는 남녀 모두 '사위'에게 '거부감을 느낀다'는 공통된 응답이지만, '며느리' 간병에 대한 거부감에 대해서는 상당히 다른 응답이 나왔다. 남성은 며느리에게 간병을 받느니 차라리 타인에게 간병을 받는 것이 낫다고 생각했으며, 남녀 모두 며느리보다는 자기 아들이 그래도 낫다고 생각한다는 것을 알 수 있다.

쌍방 모두 '제일 거부감을 느끼지 않는' 상대가 '중년 여성 간병인'이며 그다음이 '딸'이다. 거부감을 느끼지 않는다고 해서 딸이라는 이유만으로 간병인 취급을 받아도 곤란하지만, 이 조사 결과가 재미있는 이유는 '여성 간병인'의 순위가 연령에 따라 현저히 다르다는 점이다. 여성에게 여성 간병인은 젊든 그렇지 않든 거의 변화가 없지만, 남성의 경우에는 '젊은 여성 간병인'에 대한 거부감이 급상승한다. '중년 여성 간병인'에 대한 거부감은 최하위이므로, 이는 '이성 간병'에 대한 거부감이 아니라 '젊은 여성'을 어지간히 의식하기 때문인 듯하다. 바꿔 말하면 '중년 여성'은 '여성' 축에도 끼지 못한다는 말인가? 영감네들의 속마음을 알 만하다.

이 조사 결과에 근거해 야마다 씨는 '남성은 고령자 간병이 불가능하다'라는 결론을 내리게 된다. 왜냐하면 간병받는 당사자가 꺼리기 때문이다. 정말일까?

이 조사의 치명적인 결함은 선택지에 '배우자'가 들어 있지 않다는 점이다. 배우자 간병은 물론 이성 간병에 속한다. 그가 조사한 1990년대 당시에는 '남편의 간병'이 소수였을 것이다. 그러나 만약 '배우자'를 선택지에 넣는다면? 지금이라면 분명 '거부감을 느끼지 않는' 1순위를 차지할 것이다.

싱글 아들과 함께 사는 위험

비혼 싱글인 아들은 언젠가 간병인이 된다. 그런데 고령자 학대 조사 자료를 살펴보면 현재 학대 가해자 1위를 차지하는 이는 다름 아닌 친아들이라는 사실을 알 수 있다.

고령자 학대의 주된 종류에는 신체적 학대, 심리적 학대, 간병 방치, 경제적 학대 등 네 종류가 있으며, 차지하는 비중도 이 순서대로다. 경제적 학대란 부모의 연금에 기생충처럼 빌붙는 것을 이른다.

문제는 피해자의 대다수인 어머니에게 그것이 피해라는 자각이 없는데다가 제3자의 개입을 거부하고 도움도 요청하지 않는다는 점이다. 자식이 몇 살이 되든 끝까지 자식을 뒷바라지하는 것이 어머니의 책임이라 여기며 아들을 그렇게 키운 것도 다 자신 탓이라 자책한다.

주위 사람들이 보다 못해 간병보험 이용이나 입원을 권해도 현관에 떡 버티고 서서 '우리는 그런 것 필요 없다'며 거부하는 것도 아들이다. 연금이 줄어드는 것을 꺼리기 때문이다. 심각한 욕창이나 의사의 처치가 필요한 경우에도 방치되기 일쑤다. 간병은커녕 죽을 때를 앞당기게 되는 짓을 빤히 보면서도, 가족이 곁에 있는데 남이 참견할 수도 없는 노릇이라 보고도 못 본 척할 수밖에.

이런 '처우 곤란 사례'를 연구대상으로 삼는 이가 가족사회학자인 가스가 기스요春日キスヨ 씨다. "아무리 그래도 부모연금에 빌붙어 사는 처지라 하루라도 오래 사는 편이 나으니 정성껏 보살피지 않을까? 설마 학대라니 그럴 리가."라고 묻자 "그러게 말이에요. 그런데도 학대를 한다니까요." 그녀의 대답이다. 이제는 젊지 않은 싱글 아들도 고립되고 궁지에 몰려 여유가 없기 때문이란다.

차라리 세대 분리를 해서 '나 홀로 세대'가 되는 편이 훨씬 개입하기 쉬울 거라는 말이 관련 전문가의 의견이지만, 세대 분리를 두려워하는 쪽은 아들이다. 연금에 기댈 수 없게 되기 때문이다.

노후에 싱글인 아들과 동거하는 것은 학대 위험이 가장 높은 선택지가 되었다. 아들이 있어 다행일까, 아니면 없는 편이 다행일까? 가족이 없는 '노처녀'인 나 같은 싱글들은 아들 가진 행복을 누리지 못하는 대신 아들 가진 위험을 겪지 않아도 된다.

아내가 먼저
세상을 떠났을 때

배우자가 먼저 세상을 떠난 후 평균 생존 기간은 아내가 약 10년, 남편은 약 3년이다. 남편 쪽이 압도적으로 짧다. 그런데 싱글 남성과 기혼자의 평균수명을 비교해보면 **부부가 함께 사는 편이 싱글보다는 오래 산다**는 것이 밝혀졌다. 생활 면에서나 정서 면에서 유부남이 싱글남보다 훨씬 안정되고 스트레스도 적다는 사실을 각종 자료가 말해준다.

반대로 기혼 여성은 스트레스를 안고 사는 경향이 있는 듯하다. 조사를 보면 '스트레스의 원인이 남편'이라고 응답한 아내는 약 60%다. 이 말인즉슨 남성은 아내가 있는 쪽이 장수하고, 여성은 남편이 없는 쪽이 장수한다는 말일까. 배우자와 사별한 후의 남녀 평균 생존 기간의 차이는 배우자에 대한 남녀의 인식 차이에도 원인이 있는 듯하다.

이루어지지 못한 어머니의 바람

어린아이의 눈에도 나의 아버지는 어머니에게 200%를 의존하는 것처럼 보였다. 평소 생활을 보면 귀찮아서 아무것도 하지 않는 남자였고, 정서적인 면에서도 '친구가 없는 부류'였기 때문에 가족만이 인간관계의 전부인 듯한 생활을 했다.

외골수에 괴팍한 남자였던 아버지에 대해 평소 어머니는 줄곧 "나 정도라도 되니까 네 아버지 같은 사람과 함께 살수 있는 거다."라고 말씀하셨다. 오빠와 남동생과 나, 이렇게 세 자식들은 단 하루라도 좋으니 어머니가 아버지보다 오래 살아줬으면 하고 기도하는 마음으로 살았다. 아버지 홀로 이 세상에 남겨진다는 상상을 하면 (물론 본인이 그런 사태를 가장 두려워하고 있었겠지만) 자식들 입장에서도 무척 끔찍했기 때문이다.

단지 이런 '심리적 의존'을 애정이라고만은 볼 수 없다. 아버지가 100% 어머니에게 의존한 것은 틀림없었고 아버지는 그것을 '사랑'이라 확신하고 있었을지도 모르겠으나, 어머니 또한 그렇게 생각하고 있었는지는 알 수가 없다. 그 점이 '사랑'이라는 비대칭성의 불가사의한 점이다.

어머니 입장에서 보면 아버지의 의존성은 그저 집착이나

지배의 또 다른 이름이었는지도 모르겠다. 자식들 눈에는 이들 부부가 '서로 사랑하고 있다'고는 도무지 믿기 어려웠다. '단 하루라도 남편보다 오래 살고 싶다'고 어머니가 소망했던 점이 바로 그 증거였다. 어머니의 그 마음은 '하루라도 좋으니 남편 없이 천장이 뻥 뚫린 듯 속 시원히 푸른 하늘을 보고 죽고 싶다'는 것이었다.

어머니는 35년 동안 기가 센 시어머니를 모셨고, 시어머니가 돌아가시고 잠시 허탈한 마음은 들었어도 그 후론 앓던 이가 쑥 빠진 듯 밝은 모습으로 지내셨다. 아버지가 돌아가셨어도 마찬가지로 두 번째 앓던 이가 빠졌다고 느끼셨을지도 모르겠다. 그러나 안타깝게도 어머니의 소원은 이루어지지 않았다.

아들에게 나약한 소리는 금물

자식들은 아버지보다 어머니가 오래 살기를 원했고, 어머니도 그러기를 바랐고, 누구보다도 아버지 본인이 간절히 희망하고 있었지만, 현실은 무정했다. 어머니는 70대 중반에 유방암으로 돌아가셨다. 어머니가 돌아가시기 전후로 아버지는 그야말로 엄청난 비탄과 혼란에 휩싸였다. 어머니의 죽음에 어찌할 바를 몰라 평정심을 잃고 가장 우왕좌왕한 사람은 아버지였다.

자식들은 아버지가 앞으로 얼마 못 살 것 같다고 하나같이 걱정했지만 천만의 말씀. 아버지는 그 후로도 10년을 너끈히 홀로 사셨다. 만져본 적도 없는 전기밥솥으로 밥 짓는 법을 익히고, 달걀 다섯 개를 한꺼번에 삶아 하나씩 다시 데워 먹는 요령을 습득하셨다. 어이구, **인간이란 나이와는 상관없이 적응하기 마련이구나** 싶어 감탄했다. 달걀을 한 개씩 삶으면 번거롭다. 한꺼번에 삶으려는 생각은 누구나 하지만 냉장고에서 차디찬 달걀을 꺼내 먹으면 쓸쓸한 기분에 잠긴다. 삶은 달걀을 먹을 때마다 다시 데운다는 요령은 아버지에게서 처음 들었다.

문제는 아버지가 이런 일상생활 속 사소한 일들을 일일이 보고하는 대상이 오빠나 남동생이 아닌 나였다는 점이다. 아버지는 당신 나름대로의 방식으로 딸인 내게 동정을 구하고 있었다. 하지만 아들들에게는 결코 나약한 소리를 하지 않으셨다. 형제들끼리 모여 이런 일들을 얘기하면 "그런 이야기는 금시초문인데."라는 반응이었다. 아들에게는 자존심이 앞서셨던 모양이다.

또 한 가지 일화가 있다. 어머니가 돌아가실 때까지 병실로 쓰던 방을 생전 모습 그대로 놔두고, 잠이 오지 않는 밤에는 일어나 방문을 열고는 어둠 속에서 "여보, 여보." 하며 아내를 부르며 울었다는 이야기도 아버지는 딸인 나에게만 했다.

덧문을 걸어 잠근 두문불출의 나날

'싱글'이 된 아버지의 10년 세월은 고독과 은둔의 나날이 었다. 늘 덧문을 꽉 걸어 잠근 채 손님들이 찾아와 불러도 묵묵부답. 설날 가족 모임에도 얼굴을 내밀지 않으셨다.

가나자와시는 겨울에 눈이 많이 내린다. 하룻밤 새 수십 센티미터나 눈이 쌓이면 현관에서 도로까지 눈을 치워야만 밖으로 나올 수 있다. 그런데도 아버지는 그조차 하지 않았다. 눈을 치울 만큼의 체력도 남아 있지 않았지만 마치 겨울잠이라도 자는 듯 집 안에만 틀어박혀 계셨다.

근처 사는 오빠와 새언니가 걱정이 되어 먹을 것을 싸 들고 찾아가도 덧문을 걸어 잠근 채 그냥 돌려보내기까지 하셨다. 다른 사람에게 부탁해 아버지를 좀 도와드리라고 보냈더니만 현관에 장승처럼 떡 버티고 서서는 "돌아가시오, 다 필요 없습니다." 하면서 딱 잘라 말하더란다.

이제와 생각해보니 고령기 은둔형 외톨이, 노년 우울증의 전형인 듯하지만 자식 입장에서 보면 어떻게 해야 될지 아주 난감할 뿐이었다. 이런 성격이니 셋이나 되는 자식 중 그 누구도 선뜻 함께 살려 하지 않았다.

나부터도 아버지와 함께 사는 것만큼은 정말 싫었다. 안쓰러운 마음은 들었지만 자업자득이기도 했다. 같이 살았더라면 분명 부녀간 갈등과 대립에서 증오심이 싹텄을 게다. 힘들었지만 그나마 애정으로 간병을 할 수 있었던 이유는 원거리 간병이었기 때문이다. 그러나 이와는 정반대로 홀로 남은 이가 어머니였다면 자식들 중 누군가가 함께 살자고 말을 꺼냈을지도 모른다.

꿋꿋하게 살다 간 아내에게 부끄럽지 않도록

저널리스트 다하라 소이치로 씨는 사랑했던 아내를 암으로 잃었다. 투병 중에 그들은 『우리의 사랑』[9]이라는 책을 공저로 집필했다. 부부 사랑에 대한 내용을 마치 연가처럼 써 내려간 책이다. 책 띠지에는 "당신이 가면 나도 곧 뒤를 따르리다."라는 문구가 있다. 아내 세쓰코 씨가 죽었는데도 소이치로 씨는 멀쩡히 살아 있지 않느냐며 야유하는 이들도 있는 듯하지만, 나는 그럴 마음이 들지 않는다. 세쓰코 씨는 암을 앓으면서도 꿋꿋하게 버텼다. 맨 처음 텔레비전 방송이 시작될 무렵 미모의 아나운서였던 세쓰코 씨가 '얼굴이 예전 같지 않다'는 이유로 프로그램에서 하차당했을 때 그녀 나이 서른 살이었다. 세쓰코 씨는 이에 반발하여 회사를 상대로 소송을 걸며 싸울 정도로 확고한 신념을 굽히지 않는 여성이었다. 소이치로 씨는 그런 세쓰코 씨를 사랑하고 존경하여 첫 아내와 사별한 후 그녀와 재혼했다.

세쓰코 씨는 암에 걸린 후에도 멋진 인생을 살았다. 자신도 암으로 고통받으면서 많은 암 환자와 만나 그들에게 힘이 되어주었다. 이토록 멋진 삶을 살다 간 아내의 뒤를 따라 죽음을 택해서야 도저히 아내에게 면목이 서지 않으리라. 남겨진 이의 책무는 끝까지 꿋꿋하게 살다 간 아내에게 부끄럽지 않도록 무슨 일이 있어도 자신 역시 굳세게 살아가는 것 외에는 없다. 아마도 소이치로 씨는 그러기로 마음을 굳힌 것일 게다. 나는 그의 정치적 신조에는 동조하지 않지만 이토록 멋진 부부간 동지애는 참으로 훌륭하여 감동스럽다.

회복이 빠른 쪽은 여성

사별 싱글은 남성이냐 여성이냐에 따라 크게 차이가 난다. 여성은 남성만큼 상실감에 크게 괴로워하지는 않는다. 물론 배우자를 잃고 그 타격에서 회복하지 못하거나 상실감에 괴로워하는 일부 여성도 있기는 하다. 그런데 이 현상이 반드시 사이가 좋았던 부부에게만 국한되어 나타나지는 않는다는 점이 흥미롭다. 만날 때마다 남편 흉을 보던 여성이 남편이 먼저 세상을 떠나자 허탈감에 시달리는가 하면, 주위에서 다들 부러워하는 잉꼬부부인 아내가 남편을 잃고 언제 그랬냐는 듯 환한 모습으로 살아가기도 한다. 부부란 참으로 알 수가 없다.

남편과 사별한 지 얼마 되지 않아 망연자실해 있던 60대 여성이 서점에서 나의 책 『싱글의 노후』[10]를 손에 들었다. 그러고는 이 책이 자신을 위해 쓰인 것이라 생각하며 읽으니 기운이 나더라는 편지를 보내왔다. 이런 편지를 보내온 독자 중 한 분은 NHK 〈뉴스 워치 9〉에 출연했는데, 긍정적으로 살아가리라 다짐한 것이 남편이 죽고 나서 세 달 후의 일이다. 그녀의 재기는 과연 빠른 편일까?

아내의 죽음을 인정하지 않는 떼쟁이

아내를 먼저 보낸 작가 시로야마 사부로 씨가 죽은 아내를 생각하며 쓴 『그렇지, 당신은 이미 떠나고 없지』[11]라는 수기가 있다.

딸인 이노우에 노리코 씨는 아내를 잃은 아버지 시로야

마 씨의 일상을 이렇게 적었다.

"어두운 병실에서 조용히 서로 손을 잡고 있던 마지막 순간까지 두 사람은 하나였다. 온기가 남아 있는 손을 놓으며 아버지는 속으로 결별을 고했으리라. 비록 현실 속에서는 어머니와 이별하지만 마음속에서는 어머니와 영원히 살아가겠노라고."

"그 직후부터 아버지는 현실을 멀리하게 되었다."라고 딸인 노리코 씨는 이어서 적었다. 예를 들면 "장례식 밤샘도 하지 않고, 고별식도 하지 않았으며, 한다 해도 나오지 않았고, 나오더라도 상복을 입지 않았다. 묘소를 정했는데도 성묘를 가지 않았다. 떼쟁이처럼 어머니가 돌아가셨다는 현실을 거부하기만 했다." 시로야마 씨는 작업실에 틀어박혀 마음속에서만 살아 있는 아내와 함께 지냈다. 여태껏 살아왔던 자신의 보금자리에도 돌아가지 않고 말았다.

이런 '현실 부정'은 남성들에게서 많이 나타난다. 우리 아버지 역시 그토록 아내의 죽음을 탄식했지만 납골할 때도 참석하지 않고 마지막까지 성묘를 거절하셨다. "너희들 엄마는 저런 곳에 있지 않아."라며 핑계를 댔다. 유물론자였던 것도 아니다. 아라이 만新井満 씨의 〈천 갈래 바람 되어千の風になって〉라는 곡이 유행하기 훨씬 전의 일이다. 그러면 대체

어디에 계신 거냐 물으니 시로야마 씨와 마찬가지로 아버지의 '마음속'에 있다는 것이었다.

노리코 씨가 말하는 '가족은 물론이고 본인조차도 상상하기 힘들 만한 마음의 구멍'은 시로야마 씨나 우리 아버지 같은 남성이 아내 이외에는 사회적 인간관계를 맺지 않았던 데서 비롯된 것이 아닐까?

작가인 시로야마 씨는 자택과 작업실을 왕복하는 생활을 했다. 편집자가 드나들기는 했지만 일찌감치 조직 생활은 그만두었다. 나의 아버지도 자영업을 하며 좁은 세계에서 그저 자기 잘난 맛에 사는 사람이었다. 이와 반대로 아내는 남편과 사별 후 이 정도까지 현실 부정을 하리라고는 생각하지 않는다. 이런 현실 도피는 남편의 아내 사랑이 깊었기 때문일까? 그렇다면 그 반대의 경우가 적은 것은 아내의 남편 사랑이 그만큼 깊지 않다는 증거일까?

아무래도 그렇게 보기는 어렵다. 이는 남편이 아내에게 그만큼 많이 '의존'한다는 말이 아닐까? 그 '의존'이 이따금 '애정'과 일치하기도 하지만 그렇지 않을 수도 있다. 또 그렇게 '의존'당하는 입장에 있는 상대가 기꺼이 상대의 의존을 환영했는지 아니면 부담스러워했는지는 알 수가 없다.

시로야마 씨가 속세를 떠난 사람처럼 두문불출하던 생

활에서 벗어나 딸 부부와 함께 살게 된 계기는 사위의 한 마디 말이었다.

"장인어른 한 분의 안위를 마음 졸이는 걱정에서가 아니라 '시로야마 사부로'라는 작가 옆에 있는 사람의 책무로서, 무엇보다 한 사람의 독자로서 간곡히 부탁드리는 겁니다."

거듭된 딸의 간청에도 결심을 굽히지 않던 시로야마 씨가 이 한마디에 돌연 태도를 누그러뜨렸다고 한다.

감동적인 일화이긴 하지만 남성은 죽을 때까지 남에게 보이는 모습에 신경을 쓰는 공인의 존재인가? 그 이전에 한 사람으로서 주위 사람들에게 사랑받는 것만으로는 충분하지 않다는 것일까, 하고 생각하게 된다. 노리코 씨의 남편은 '남성 심리'의 아킬레스건을 잘 파악하고 있다. 그러나 이 방법은 오래전에 직장을 그만둔 남성에게는 효과가 없을뿐더러 대다수 여성에게는 전혀 먹혀들지 않는다.

생명줄을 잃어버린 상실감

각종 자료에서 보듯, 아내가 먼저 세상을 떠난 후 남편이 느끼는 상실감은 깊고, 그 상실감이 심신에 심각한 해를 끼치며, 가사 능력이 없기 때문에 곧바로 불편해질 뿐만 아니라, 심리적 의존도가 높아서 그것을 메우는 일은 불가능하다.

　배우자의 죽음이 가져온 공백은 그 무엇으로도 메울 수가 없다. 인생에서 누구보다도 많은 시간과 경험과 감정을 공유한 사람이자, 육아라는 인생 최대의 과업을 함께한 동지이자, 어떤 때는 서로 똘똘 뭉쳐 상호의존 관계를 구축해온 상대이기 때문이다.

　남편이 느끼는 상실감의 크기는 아내 말고는 변변한 인간관계를 맺지 않았던 탓이기도 하다. 대부분 남성에게는 아내만이 '생명줄'인 모양이다. 아내를 대신할 사람은 아무도 없겠지만 그래도 곁에서 위로해주거나 추억을 공유하고 있는 가족이나 친구가 곁에 있다면 고립감이나 우울증에 걸리는 사태만은 다행히 막을 수 있다.

　이토록 깊은 상실감과 큰 타격은 결국 지금껏 **아내 말고는 어떤 인간관계도 맺지 않았던** 데서 오는 **자업자득**이라 할 만하다.

아내의 1주기가 지난 무렵부터

　그런데 이렇게 아내라는 교체 불가능한 '소중한 타인'을 단지 '편리한 타인'으로 여기며 교체 가능하다고 생각하는 사람(대부분 남성)도 많은 듯하다.

50대 후반에 돌연 아내를 잃은 미노루 씨는 아내의 1주기가 지난 무렵부터 달라진 지인들의 태도를 눈치챘다. 지인들은 하나같이 이렇게들 말했다.

"이제 슬슬 괜찮아졌지?"

무엇이 괜찮은가 되물으면 재혼 생각은 없냐며 은근히 속을 떠보는 것이었다. 그럴 마음이 있다면 누군가를 소개해줄 수도 있다며 슬쩍 말을 흘린다. "여러 가지로 불편하잖아." 하는 친절한 마음에서 비롯된 호의다.

딩크족이었던 미노루 씨는 피아니스트였던 아내와 그 무엇과도 바꿀 수 없을 만큼 소중한 추억이 잔뜩 있다. 겨우 1~2년에 '이제 슬슬 괜찮아지겠지' 같은 마음은 들지 않았다. 분명 적적하기는 하지만 외로움을 달래기 위해 아무 여자라도 다 상관없다는 식은 절대 아니다.

'불편하다'는 이유로 재혼을 권하는 친구들의 얼굴을 하나하나 떠올리면서, 그들에게 결혼이란 게 겨우 그 정도의 가치밖에 안 되는 것이었나 싶어 실망스럽다. 고작 그런 이유로 재혼을 한다면 상대 여성에게도 참기 힘든 모욕이 아니겠는가.

다시 사랑을 할 수 있을까?

요즘 남성들이 많이 보는 잡지에 '남성의 향로학向老學'(치매, 간병 등 괴로운 문제를 부정적으로만 파악하지 않고 노화에 대한 긍정적 대응을 배우는 학문—옮긴이) 특집이 종종 실린다. 그중 하나로 『주간 포스트』[12]에서 저명인 중 몇 명을 모델로 해 '싱글' 특집 기사를 만들어보자는 기획을 내게 제안했다. 마지막 개별 사례로 노즈에 진페이野末陳平, 구레 도모후사呉 智英, 기시베 시로岸辺四良 이상 세 분이 실명으로 기사에 등장했지만, 담당자에게 과연 얼마나 취재에 응했느냐고 물으니 다들 "그런 특집 기사는 좀 곤란한데요." "저는 좀 봐주세요." 하며 손사래를 치더라는 것이다.

역시 예상대로였다. '싱글'을 선언하는 데 주저하는 이유에는 언젠가는 다시 커플이 될지도 모른다는 속셈이 깔려 있으리라.

그렇다면 재혼 시장의 현실은 어떨까?

애초에 '불편'이 이유가 된 남성의 재혼은 남성 쪽에 상당한 돈(자산과 수입)이 없는 이상 여성에게는 매력이 없다. 무엇보다도 '불편'이 재혼의 이유라면 아내는 '섹스 서비스 기능이 딸린 가정부'에 지나지 않는다. 여성을 대체 무엇이라 생각하는지 따지고 싶다. 게다가 이혼한 남성이라면 몰라도 사별한 남성은 재혼 상대로 택하지 않는 편이 현명하다는 말도 있다. 마냥 미화되는 전처와 사사건건 비교당해 불쾌하기 짝이 없을 뿐이라고 한다.

그러나 여성들은 걱정하지 않아도 된다. 남성의 재혼 시장은 현저히 좁다. 앞으로 다시 '커플'이 될 가능성은 낮다는 각오로 앞으로의 노후 계획을 짜는 편이 현실적이다. 요즘 65세 이상 재혼율은 서서히 오르고 있지만 그래도 그 수치는 낮다. 여성의 재혼율은 남성의 재혼율보다 더더욱 낮다.

남성은 대부분 재혼을 원한다

사별한 싱글 여성은 결혼은 한 번으로 족하다고 생각하고 있으며 남편이 남긴 자산에 유족연금까지 들어오기 때문에 재혼에 대한 욕구가 애당초 낮다. 일본의 연금제도는 남편이 아내를 부양한다는 전제를 깔고 있으므로 만약 남편과 사별한 여성이 재혼이라도 하면 유족연금 수급권을 잃게 된다. 연금이 자신에게 지급되는 것을 빤히 아는 여성이 이를 놓칠 선택 따윈 하지 않을 것이다.

게다가 재혼을 하게 되면 재차 간병인이 되는 미래가 눈앞에 기다리고 있다고 생각하면, 어지간히 열렬히 좋아하지 않는 한 재혼할 결심을 하지 않으리라. 만약 전처나 그 자식들과 트러블을 피하고 싶다면 사실혼을 택하면 된다. 그러나 사실혼은 둘 사이가 좋을 때는 지속되지만 그렇지 못할 때는 깨질 위험이 크다.

이혼한 싱글 여성이 재혼할 결심을 굳히는 동기는 거의 경제적 이유에서다. 이혼한 싱글 남성과 이혼한 싱글 여성들 사이에 재혼 열망을 비교한 조사를 보면, 대다수 남성이 '가능하면 재혼하고 싶다'고 희망하는 반면, 여성 대다수는 '더 이상 결혼은 싫다'고 생각한다는 사실을 알 수 있다.

이 격차는 이혼 전 결혼 생활의 질이 남녀 간에 큰 차이가 있다는 점을 짐작하게 해준다. 마음과 재혼은 별개다. 경제력으로 '아내'로 삼을 수 있는 여성을 사로잡을 수 없다면 이혼 여성과 교제하고자 하는 남성은 여성에게 인기가 있기를 바라는 수밖에 없다.

이혼 여성 중에는 자식 있는 사람이 많다 보니 재혼을 할 경우 새로 맞이한 아내의 자식들에게 아버지가 되어줄 각오도 필요하다. 가정을 다시 꾸리기란 이처럼 이모저모로 번거롭다. 게다가 이혼한 싱글 남성이라면 헤어진 가족에게 양육비를 보내야 하기 때문에 경제적으로 부담이 될 수도 있고, 친자식과의 관계도 끊을 수 없기에 여러 모로

복잡하다. 어지간한 자산과 수입 없이는 재혼 가능성은 희박하다고 인정해야 하지 않을까.

그렇다면 초혼인 젊은 여성도 있지 않은가 생각한다면 당신은 너무 뻔뻔한 사람이다. '아라포'(around forty. 40대 전후의 전문직 여성을 일컫는 말—옮긴이) 이하 세대는 저출산 영향으로 인구가 절대적으로 적을 뿐만 아니라 '노처녀'가 늘고 있다. 이 '노처녀'들은 결혼하고 싶은 열망은 강하지만 요구 조건이 까다로운 데다, 이런저런 핑계를 대며 하루하루 결혼을 미루어온 '화려한 싱글'들이다. 웬만한 조건에는 넘어오지 않는다.

이들이 앞으로 결혼할 가능성은 낮다고 봐야 한다. 옛날처럼 전쟁 때문에 남성 인구가 급감하거나, 여성이 먹고살 길이 막막하여 결혼은 '평생 직장'이라 운운하며 결혼하던 시절과 지금은 전혀 딴판이다. "여자들이 콧대만 높아가지고."라며 개탄해도 이미 때는 늦었다.

부자 가정이 늘고 있다

이혼한 남성 중에는 자식이 있는 경우도 있다. 요즘은 모자母子 가정뿐만 아니라 부자父子 가정도 서서히 늘고 있다. 일본에서 이혼을 할 경우 친권의 약 80%가 아내에게 귀속

된다. 역사적으로 보면 남편에게서 아내로 친권이 옮겨간 시기는 1960년대. 마침 그 시기는 핵가족화의 진행과 맞물려 집안에 조부모가 사라지고 있는 시대였다.

이혼한 남성은 아이의 친권을 갖더라도 자신이 아이를 키우지는 않았다. 대신에 어머니에게 양육을 맡겼다. 친권이 아내에게 옮겨간 것도 따지고 보면 남편만으로는 (재혼이라도 하지 않는 이상) 아이를 키울 수 없다는 사실을 의미한다. 사별한 남성이 바로 재혼하는 경향이 있었던 이유도 아이를 키울 사람이 필요해서였다.

앞서 언급한 가스가 기스요 씨의 저서 중에 『부자 가정을 살아가다』[13]가 있다. 가스가 씨의 말로는 사별이나 이혼 후 아이를 떠맡은 남편들 중에 재혼하지 않고 부자 가정으로 살아가는 남성들에게는 다음과 같은 공통점이 있다고 한다.

첫째, 부자 가정이 되자마자 대부분 남성들은 육아를 방치하고 자신의 자식들을 어머니에게 맡기거나 아동양육시설로 보내는 경향이 있다. 본인이 이런 선택을 하기도 하지만 지역주민센터의 사람들이 친절하게도 '자네 혼자 키우기엔 벅차니까' 하면서 아동양육시설을 권하기도 한다. 사실 오늘날 아동양육시설에 있는 아이들 중 상당수는 고아가 아니라, 부모가 있어도 아이를 키울 의사나 능력이 없는 부모의 아이들이다. 그러므로 부자 가정을 유지하는 아버지는 아이를 맡아서 키워줄 어머니가 없거나, 자식을 사랑하기 때문에 아동양육시설에 보내지 않았던 남성들이다.

둘째, 그들은 재혼 의사가 없거나 있어도 할 수 없는 사람들이다. 옛날처럼 아이가 딸린 사별 남성이나 이혼 남성을 주위에서 가만히 놔두지 않고 이래라저래라 '(재)혼담'의 수고를 아끼지 않고 후처를 찾아주던 시대에는 부자 가정이 되더라도 유지 기간이 짧았고, 눈 깜짝할 사이에 재혼 가정이 되어버리기 때문에 통계상 부자 가정은 늘지 않았다. 예전에는 생활고 때문에 후처가 되는 길을 선택하는 여성도 있었지만 지금은 시대가 다르다. 가령 남성이 지위도 높고 수입도 넉넉하다면 다소 조건이 불리한 재혼이라 할지라도 상대를 찾았을 테지만 말이다.

아들과 함께 사는 초식남 싱글파파

부자 가정을 이루는 남성들이 재혼하지 않는 이유는 재혼에 필요한 스펙이 상대적으로 달리기 때문이다. 아내와 사별한 경우는 어쩔 수 없지만, 이혼 후 부자 가정이 된 남성 중에는 아내가 아이들을 놔두고 나간 사례가 많다. 그 이유의 상당수는 '다른 남자가 생겨서'이다. 여성이든 남성이든 성욕 앞에서는 자식보다 자기 자신이 더 소중한 이기주의자가 된다. 애당초 아내가 구제불능이라 여겨 다른 남자와 바람이 났을 정도니 그들이 연애나 결혼 시장에서 요구되는 스펙이 상대적으로 떨어지는 남성이라는 것은 쉽게 상상이 간다. 그러니까 부자 가정의 싱글파파들은 자식을 끔찍이 사랑하고 심성이 착하니 아마도 '육식계' 남성은 아니었을 것 같다.

학회에서 가스가 씨가 이와 같은 보고를 했을 때의 일이다. 질문자였던 모 대학 교수가 일어나 부자 가정의 아버지들을 칭송하며 "저라면 도저히 못 할 것 같습니다."라고 굴절된 찬사를 보내자 가스가 씨는 "당신이 부자 가정이 될 가능성은 거의 없습니다."라고 딱 잘라 말했다. 대학 교수라는 지위에 있고 그만한 수입이 있는 당신이라면 설령 부자 가정이 된다 해도 바로 재혼할 수 있을 테니까, 라는 것이 그 이유였다. 지금부터 20년 전의 일이다. 대학 교수의 값어치도 최근엔 꽤 떨어졌으려나?

노총각, 그게 뭐 어때서요?

비혼 싱글 여성이 있으면 비혼 싱글 남성도 있다. 동일 연령에서 남성 인구가 여성 인구보다 약간 많다고 하므로 '노총각', 즉 비혼 싱글 남성의 수가 '노처녀'보다 많다.

2005년 인구와 세대 조사에 근거한 인구학적 시뮬레이션에 따르면, 현재 30대 후반 남성 4명 중 1명, 30대 전반과 20대 후반의 남성 3명 중 1명이 평생 결혼하지 않고 살 가능성이 높다.

이 남성들이 여성 경험이 적은 '비인기남'에 속한다는 사실도 자료를 보면 알 수 있다. 지금까지 인생 절반 가까운 세월을 인기 없이 살아온 남성이 이제부터 갑자기 인기남으로 부상할 가능성은 낮다. 그러니 무리해서 '커플'이 되려 하지 말고 그냥 '싱글'인 채로 살면 좋지 않을까? 내 생각이지만 말이다.

2008년 아키하바라에서 지나가던 사람을 무차별로 살상한 사건을 일으킨 가토 도모히로加藤智大 피고는 자신이 '비인기남'이라는 사실에 몹시도 괴로워했다고 한다. 여성이 곁에 있어주기만 했더라도 학력 콤플렉스도, 가난도, 파견직 해고의 위험도, 모두 한방에 인생 역전할 수 있으리라고 믿었던 모양이다. 여자를 '독차지'하지 못하면 남자 구실을 제대로 하지 못하는 것이라는 '남자다움'의 신화를 가토 도모히로도 믿고 있었던 건 아닐까?

여성이 여성이기 위해 '남성에게 선택받는다'는 증명이 필요 없듯이 남성이 자신의 존재 가치를 인기로 증명할 필요도 없다는 사실을 부디 깨닫기 바란다.

'비인기남' 중에는 평범한 여성과의 섹스보다는 프로의 서비스가 더 좋다고 느끼거나, 현실 속 여성보다는 2차원 속 가상의 여성에게 가슴이 두근거리는 사람들도 있다. 이런 세대가 섹스 산업에서 중심 소비자층이라는 사실은 자료를 통해 알 수 있으며, 나아가 이제는 미디어 계통에서도 점점 이런 세태가 반영되고 있는 추세다. 본인이 불편하지만 않다면 그만이라는 식이다.

사카이 준코 씨의 베스트셀러 『노처녀의 절규』[14]에는 남편도 없고 자신감도 없는 30대 이상 여성을 '패배한 개'로 정의하며 자기 비하를 보여준 끝에 "그래요. 나 노처녀예요. 그게 뭐 어때서요?" 하고 반문하는 퍼포먼스가 나온다. 싱글 남성의 세계에서도 "모태 싱글 40년차입니다만 전혀 불편하지 않습니다. 그래서 뭐요?"라는 상식이 통하게 되면 남성들도 훨씬 편해질 텐데 말이다.

'한심하기는 참!' 하며 혀를 차는 사람은 구세대 육식남들뿐이다. 결혼 못 한 남성은 제구실을 못 하는 사람이라는 주술에서 남성들은 언제나 풀려날 수 있을지. 평생 비혼율이 3명 중 1명 꼴인 시대에 그런 걸 따지고 있을 때가 아니라는 생각도 들지만. 게다가 일단 결혼을 한다고 해도 정리해고를 당할 수 있는 시대이니 말이다.

제2장

내리막길을 ─── 내려오는 기술

인생의 정점에서
내려오는 길

돌이켜봤을 때 당신 인생의 정점은 언제였을까.

"지금이야말로 내 인생 최고의 절정기입니다." 이렇게 대답하는 고령자는 거의 대부분이 여성이다. 유감스럽게도 고령의 남성 중 이렇게 대답하는 사람을 만난 적이 없다.

여성이라면 자식을 다 키우고 멀찌감치 떨어져 손자들이 커가는 것을 지켜보며 남편 병 수발을 들었고, 유산과 연금을 수령하며 자기만을 위해 쓸 수 있는 자유로운 시간과 돈을 드디어 손에 쥔 경우가 많다. 남편을 떠나보낸 후가 '인생의 정점'이라고 하는 여성의 생각도 일리가 없는 것은 아니다. 그러나 그 연령이 50대에서 60대, 아직 체력도 괜찮고 놀러 다닐 기운도 남아 있을 때이다.

70대 이상의 어르신을 대상으로 "인생을 한 번 더 살 수 있다면 **몇 살로 되돌아가고 싶습니까?**"라는 질문에 남녀 차이는 있지만 **여성은 30대, 남성은 50대**가 가장 많다고 한다.

여자 나이 30대는 출산과 육아에 정신없는 때이다. 육아에서 손을 떼며 한숨 돌릴 때까지 아마도 인생에서 가장 충실감을 맛보는 그런 시기일지도 모른다. 한편 남자 50대로 말하면 정년 직전. 직장에서의 지위와 수입이 정점에 접어든다. 그래서 남자들은 그때로 돌아가고 싶어 하나 보다. 제3자가 봐도 쉽게 이해할 수 있는 권력과 경제력이라는 이분법적 평가가 그대로 자기평가로 이어진다는 사실은 남자가 철두철미 사회적 동물이기 때문이 아닐는지.

오르막길보다 내리막길에서 기술이 필요하다

내 인생의 절정이 언제였는지는 누구든 지나보지 않고는 알 수 없기 마련이다. 내리막길에서 뒤돌아본 순간에야 비로소 아, 그때가 내 인생의 피크였구나, 하게 된다. 다 그런 것이다.

바야흐로 인생 85세 시대, 아니 한술 더 떠 '고령사회를 발전시키는 여성회' 대표인 히구치 게이코桶口惠子 씨의 말을 빌리면 "인생 100세 시대"이다. 가령 50대에 인생의 피크가 온다면 전반은 오르막길, 후반은 내리막길이다. 배분은 반반 정도로 미리 알아두는 편이 현명할 듯싶다.

오르막길에서는 어제까지도 없었던 능력이나 재능을 별안간 오늘 지니게 되면서 척척 성장하고 발전할 수 있었다. 그와는 반대로 내리막길은 어제까지만 해도 지녔던 능력과 재능을 점차 잃어가는 과정이다. **어제 가능했던 일이 오늘은 불가능**해지고, **오늘 가능했던 일이 내일은 불가능**해지게 된다.

지금까지 인생의 오르막길의 노하우는 있었지만, 내리막길의 노하우가 없는 것이 문제였다. 내리막길의 노하우는 학교에서도 일러주지 않았다. 오르막길보다 내리막길에서 노하우와 스킬이 필요한데도 말이다.

낙관적인 부모 세대, 불안한 자식 세대

근대화가 한발 늦게 시작된 일본과 같은 나라는 근대화 사이클을 단기간에 급속하게 통과하는 절차를 밟는다. 한국의 경우는 근대화 속도가 더더욱 급격한 소위 말하는 '압축 근대'를 경험했다.

그중에서도 우리 세대, 즉 전후 베이비부머baby-boomer는 특이한 위치를 점하는 세대다. (인구 구성의 특징 면에서 사카이야 다이치堺屋太一는 '단카이 세대団塊世代'라 불렀다.) 그도 그럴 것이 베이비붐 세대에게는 패전에서 빠져나와 부흥과 고도성장의 시대가 그네들이 성장했던 시대와 겹치고, 일본 사회의 성숙기와 정체기가 자기들의 노후기와 맞물리기 때문이다.

우리는 태어날 시대를 스스로 선택할 수가 없다.

청춘이라는 만물이 소생하는 성장기에 전쟁과 맞닥뜨리거나 불황과 디플레이션 스파이럴(디플레이션을 동반하는 경제 악순환) 시대에 직면하게 된다면 얼마나 불운한 일인가. 어느 시기에 청춘기를 보내느냐 하는 것은 훗날 사물을 보는 기본적인 관점과 태도에 커다란 영향을 끼치는 듯하다.

우리와 같은 **베이비붐 세대**는 성장을 과신한 탓에 시간이 지나면 상황은 **지금보다는 좋아지리라는 근거 없는 낙관**을 지니는 경향이 있다.

이에 반해 우리보다 30년 정도 젊은 세대는 시간이 지나면 지금보다는 사태가 더 나빠질 거라는 뿌리 깊은 불안감을 느끼는 듯하다. 그런 대로 이해가 되는 것은 그들이 철들 무렵부터 일본은 줄곧 불황과 디플레이션 스파이럴에서 헤어나오지 못하고 저출산·고령화 사회의 길로 접어들었기 때문이다.

그들이 바로 '단카이 주니어 세대'에 해당하는 것은 우연의 일치라고는 하나 왠지 얄궂은 운명의 장난으로밖에는 생각할 수가 없다. 낙관적이며 혁신적인 부모 세대 밑에서 불안감으로 인해 자신을 강하게 방어하는 그런 자식 세대로 성장했기 때문이다.

그렇기 때문에 '내가 젊었을 때는……' 하면서 우리의 가치관을 더 이상 밀어붙일 수가 없다. 자식 세대에게 펼쳐진 환경은 30년 전과 판이하게 달라졌기 때문이다.

그뿐 아니다. 어느새 우리 자신도 고령기에 접어들었다. 어느 누구도 가르쳐주지 않았던 시대와 세대의 경험을 맞아들일 채비를 해야 한다.

남자의 정년,
여자의 정년

아무리 일을 사랑하더라도 일에는 정년이 있기 마련이다. 특히 샐러리맨에게는 좋든 싫든 정년이 온다.

아무리 직장에 충성을 다하겠노라 맹세를 해도 언젠가 불쑥 "당신, 내일부터 출근 안 해도 됩니다."라는 최후통첩을 받는 날은 반드시 온다. 지위와 수입의 절정에서 아쉬움을 뒤로한 채 꽃다발을 들고 갈채 속에서 사라져가는 것이 '사나이의 마지막 화려한 길'인가.

문제는 그 후 **제2의 인생이 생각보다 길다**는 데 있다.

어떤 사람이 개업의였던 남성에게 "의사는 정년이 없으니 참 좋으시겠네요."라고 말을 건넸다. 그러나 의사라도 치매기가 들어 의료 실수나 투약 실수를 저지르기 전에 스스로 물러날 때를 알아차리는 편이 여러모로 현명할 것이다.

바야흐로 일본인의 평균수명은 남성은 81.3세, 여성은 87.3세이다. (2019년 통계를 보면 한국인의 평균수명은 82.7로, 남성은 79.7세, 여성은 85.7세로 세계 20위 안에 들지만, 노인의 소득수준은 OECD 국가 중 최하위라고 한다―옮긴이) 현재 쉰이 넘은 사람은 더욱더 장수하리라 각오하고 있는 편이 좋다. 80세를 넘어 살 수 있을 확률은 여성은 4명 중 3명 남짓, 남성은 2명 중 1명 남짓이다. 죽으려 해도 죽을 수 없는 장수사회가 도래한 것이다.

여자의 정년은 남자보다 빠르다

사실 여자의 정년은 남자보다 더 빨리 닥친다. 역시 여자의 '유통기한'은 남자보다 짧기 때문이라는 등 지레짐작하지 말기를. **남자의 정년이 직업의 정년**이라면 **여자의 정년은 엄마 노릇의 정년**이기 때문이다.

대개 여자는 직업보다는 육아 쪽에 인생의 우선순위를 둔다. 엄마 노릇을 위해 남들도 다 부러워하는 직업을 내팽개치는 여자들이 끊이지 않는 것도 그런 탓이다. 그러나 엄마 노릇에도 졸업이란 게 있다. 자식들은 언젠가 부모 슬하를 떠나게 된다. 혹 언제까지나 부모 곁을 떠나지 않는 자식이 있다면 엄마 노릇에 실패했노라 생각하는 게 낫다.

그렇다면 엄마 노릇의 정년은 언제일까? 자식은 죽을 때까지 자식이니 엄마 노릇에 정년은 무슨 정년이냐고 하는 사람이 있을지도 모르겠다. 자식이 사회적·경제적으로 자립할 때까지로 생각한다면 엄마 노릇의 정년은 하염없이 늘어날 것이다.

하지만 엄마 노릇의 제1차 정년은 부모가 자식을 불러도 부모보다는 같은 또래 친구들과 어울려 지내는 것을 선호하는 시기라 생각된다. 그때는 이미 자식이 부모의 보호권에서 벗어났기 때문이다. 나이로 치면 초등학교 고학년에서 중학생 무렵일 것이다.

물론 이후에도 고등교육을 받는 경우는 학비가 들기 때문에 부모로서 경제적 책임은 내려놓을 수가 없다. 그러나 부모와는 별개의 생활권에 갖게 되는 자식은 한 지붕 아래 있더라도 간섭을 짜증 내는 하숙생 같은 존재가 된다.

이런 상황이 되면 돈은 대줘도 참견은 할 수 없고 멀찌감치 지켜볼 수밖에 없는 노릇이다. 방과 후에도 동아리 활동이다 아르바이트다 하며 집에 있는 시간이 거의 없기 때문에 더 이상 풀타임으로 자식의 귀가를 기다릴 이유는 없다. 가족사회학에서는 막내가 의무교육을 마친 무렵부터를 '포스트 육아기'가 시작되는 시점으로 정의한다. 반대로 생각하면 육아기란 기껏해야 10년 남짓 되는 짧은 기간이라 할 수 있다.

너무도 일찍 맞이한 여생의 효과

정년 후는 여생이 된다. 여자가 엄마 노릇을 인생 최우선 순위에 둔다면 여생이 길어진다. 정년 연장을 꾀하고자 한다면 잇달아 아이를 낳기만 하면 된다. 실제로 엄마 노릇을 놓기 싫어서 막내가 열 살이 지날 무렵에 '무릎이 허전하다'며 다시 아이를 임신하는 여성도 없지는 않다.

하지만 이 경우는 어지간히 체력과 경제력이 뒷받침되지 않는 이상 실행 불가능하다. 지금처럼 저출산 사회에서 자식이 하나나 둘일 때 2년 터울로 낳아도 30대 후반에서 40대 전반에는 아이가 취학 연령이 되고, 전업으로 엄마 노릇을 할 필요가 사라진다.

30대부터 남은 생애가 시작된다면 인생은 너무 길다. 게다가 30대라면 한창 건강하고 다시 시작할 수 있는 나이다. 그렇기 때문에 여성은 출산·육아 후 '재도전'을 시도해 왔다. 취업을 하거나 지역 활동을 활발히 하거나 취미 활동이나 공부를 시작하고 대학이나 대학원에 다니는 여성도 있다. 고로 여성은 일생이 아닌 이생二生을 살아왔노라 말할 수 있을 정도다.

이렇게 일찌감치 여생을 맞이하는 여성은 물 흐르듯 자연스레 진정한 노후로 넘어갈 수 있다. '포스트 육아기'에 재취업했다 하더라도 '일이 생명'이라며 목숨을 걸고 몰두할 만한 인생의 보람과 가치가 있는 직장은 여성에겐 좀처럼 주어지지도 않고, 파트타임이나 비정규직을 택하는 여성은 정부가 교육하기 훨씬 이전부터 '워크 라이프 밸런스'(일과 생활의 균형)를 취하고 있다. 생활을 희생할 만큼 가치있는 일 따위 있을 리 없다고 생각하며, 혹시 있다손 치더라도 그 기회는 결코 여성에게 돌아오지 않는다.

아이가 자라는 과정에서 원하건 원하지 않건 간에 자식쪽에서 먼저 부모로부터 독립을 원하므로 남편이나 자식에게 의존하지 않는 법을 일찌감치 터득했다. 이것 또한 성차별의 결과라고도 말할 수 있을 테지만 너무도 빠른 여생의효과 중 한 가지라고도 할 수 있다.

이것과는 대조적으로 풀타임 직장에서 정년을 맞이하는 남성은 노후에 경착륙하기 십상이다. 그런 경우는 한 발짝먼저 여생을 맞이한 여성의 생활철학이 참고가 될 것이다.

나이 듦을
거부하는 풍조

오르막길 반, 내리막길 반. 인생 100세 시대를 맞이했는데도 '달리는 기차에서 내리는 것'을 어떻게 해서든 거부하려는 사람들이 있다.

옛날부터 장수란 인간의 간절한 염원이었을진대 정작 그것이 실현된 사회에서 어째서 나이 듦을 거부하고 혐오하게 된 걸까. 핀핀코로리(죽기 직전까지 팔팔하게 지내다 어느 날 갑자기 세상을 뜨는 것. 우리의 '99세까지 팔팔하게 살다가 2~3일 앓다 죽자'는 뜻의 '9988234'와 같은 말—옮긴이)라는 말을 들을 때마다 내 안에도 나이 듦을 거부하는 사상이 내재해 있음을 느낀다. 늙는다는 것은 보기도 싫고 듣기도 싫고 피하고 싶다며 부인하며 노화에 저항하는 사람에게는 어느 날 아침에 덜컥 가는 것이야말로 이상일 것이다.

성공적 나이 듦successful aging은 미국에서 나온 개념인데, 늙음을 거부하는 최고의 사상이다. 이 개념의 정의는 '죽음 직전까지 중년기를 연장하는 것'이라고 노년학자인 아키야마 히로코秋山弘子 씨가 일러주었다. 죽기 직전까지 중년기 연장이 가능하다면 애당초 노년기 따위 존재하지 않는다고 보는 게 맞다. 게다가 나이를 먹는 것까지도 성공이라는 둥 실패라는 둥 그런 말을 듣고 싶지 않다. '생애 현역'이란 사상도 그와 한가지. 인생의 정점이 50대라 응답하는 사람은 나뭇가지가 뚝 부러지듯이 그 절정기에 과로사라도 당했다면 대만족이었을까. 50대에 죽으면 요절인 시대가 되었다. 요절이 불가능하게 된 사회가 바로 초고령사회인 것이다.

인생 300세 시대가 온다면?

작가인 고노 다에코河野多惠子 씨는 평균수명이 50세일 때의 연애나 결혼관과 300세일 때의 연애나 결혼관은 당연히 달라질 거라고 작가다운 기상천외한 상상을 보여주었던 적이 있다.

인생이 300년이라면 오직 한 사람만을 사랑하고 가정을 지키는 결혼관 따위는 성립되지 않을 것이다. 20대 언저리에 만난 누군가와 남은 270년을 함께 보낸다고 생각하면 정말 끔찍한 일이다. 도중에 몇 번이고 마음을 고쳐먹고 싶게 된다. 인생 50년이라면 남자는 글자 그대로 종신고용제 아래서 일을 계속하다가 현역 중에, 또 여자는 자식이 많은 시대에 엄마 노릇을 다하기도 전에 덜컥 저세상으로 갔을지도 모르는 일이다.

고노 씨는 에도 시대의 동반자살이 인생 40년 시대의 산물이라고 설파했다. 실제로 감염증이 원인이 되어 많은 사람이 마흔 전후에 하나둘 죽어가던 에도 시대에는, 그럴 바에는 차라리 사랑하는 사람과 정사情死라도…… 하는 심정이 들었다는 것도 무리는 아니다. 이러던 것이 인생 80년 시대가 되면 동반 자살이든 정사든 확 줄어든다. 근대소설에서 동반 자살이 줄어든 것은 낭만의 열정이 시들어서가 아니라 수명이 늘어난 탓이라는 게 고노 씨 이론이다.

노환으로 몸져눕는 기간은 평균 8.5개월

내리막길의 최후에는 누군가의 도움 없이는 살아갈 수 없는, 간병이 필요한 시기가 대기하고 있다. 65세 이상인 분들 중 돌아가시기 전 몸져누워 거동 못 하는, 이른바 와병 상태의 평균 기간은 8.5개월.[15] 와병 상태가 되든 인지증(치매)이 되든 죽지 않고 생존할 수 있는 문명사회가 마침내

도래했다. 이런 사실을 환영하기는커녕 왜 저주를 해야 한단 말인가.

이 책의 글머리에도 일러뒀지만 "내가 꿈꾸는 이상적 죽음의 방식은 어느 날 갑자기 골프장에서 덜컥 숨을 거두는 것."이라고 말하는 신자유주의 경제학자가 있다. 이름은 밝히지 않겠지만 고이즈미 정권 때 경제재정자문회의 전문위원 중 한 사람이었다.

경제재정자문회의란 2007년도부터 향후 5년간에 걸쳐서 연간 2조 2000억 원(2200억 엔), 총 11조 원(1조 1000억 엔)의 사회보장비를 억제하라고 지령을 내린 곳이다. 아소 麻生 정권에 이르기까지 역대 자민당 정권은 이와 같은 삭감 목표를 죽 지켜왔다. 사회보장비 억제가 지상명령이었던 정책 결정자들은 정작 자신들이 간병이 필요해져서 다른 사람의 보살핌을 받는 처지가 되리라고까지는 미처 상상력이 미치지 못한 것일까. 이런 사람들에게 고령사회의 복지정책 및 제도의 설계를 맡겨서는 곤란하다. 가뜩이나 이런 생각을 하는 차에 2009년 여름 총선거에서 유권자는 이 정권에 '노!'를 외쳐댔다.

약점 드러내기

내리막길을 내려가는 기술이란 우선 '약점 드러내기'이다. 이 말은 홋카이도 우라카와浦河 마을에 있는 지적장애인을 위한 생활공동체인 베델하우스의 표어 중 하나다. 베델하우스는 '안심하고 태업할 수 있는 직장 만들기', '병을 치료하지 않는 의사', '마땅히 해야 할 수고를 하자' 등등 '베델 용어'를 만들어냈다. 베델하우스를 테마로 요코카와 가즈오 씨의 『내려가는 삶의 철학』[16]이란 책도 등장할 정도다. 베델하우스 사람들은 '올라가는' 쪽이 아닌 '내려가는' 쪽의 프로들이다.

지적장애인들은 스스로 자신을 컨트롤할 수 없고 패닉 상태에 빠지거나 신체가 굳어버리기까지 한다. 혼자서 화장실에 갈 수 없게 되거나 식사를 할 수 없게 되면 도움이 필요하듯 스스로 자신을 주체할 수 없게 되면 결국 누군가의 도움을 청하면 된다. 그런 도움 요청 방법의 노하우를 대공개한 책이 바로 『베델하우스의 '당사자 연구'』[17]이다.

'베델 용어'의 백미라 할 수 있는 것은 '약점 드러내기'다. 약점이란 나쁜 점도 아니고 그렇다고 부끄러워할 점도 아니다. 과로하면 몸이 망가지고 궁지에 내몰리면 마음이 망가진다. 어떤 일이 있어도 망가지지 않는 몸과 마음의 소유자는 인간이 아닌 사이보그다. 무릇 '환자가 된다' 함은 자신의 약점을 인정하고 누군가에게 '도움 요청'을 보내는 SOS 신호와 같다. 의사 앞에 서기 직전까지 "아니에요, 별거 아니에요. 괜찮습니다." 하며 강한 척하는 태도로는 받을 수 있는 도움조차 못 받게 되고 만다.

나이 듦은 약자가 되는 것

남성을 보고 있자면 여성과는 사뭇 다르구나 하고 생각되는 점이 있다. 그것은 자신의 약점을 인정하지 않는다는 점이다. 남성이 약하다고 하는 말이 아니다. 또한 여성이 남성보다 강하다는 말도 아니다. 여성도 남자 못지않게 강하고 남성 또한 여자와 마찬가지로 약하다. 남자건 여자건 인간은 강한 면도 있으나 결국 약한 동물임이 분명하다.

나이가 들어가면서 인간은 깨지기 쉬운 물건이라는 느낌이 절실하게 든다. 깨지기 쉽기 때문에 난폭하게 취급하면 깨져버리고 만다. 무리하면 몸도 깨지고 마음도 깨진다. 깨지기 쉬운 물건은 깨지지 않도록 조심스레 다뤄야 한다.

남자가 여자와 다른 점은 똑같이 약한데도 자신의 약점을 인정하지 않는다는 점이다. **약점을 인정할 수 없는 약점**이라고나 할까. 이것이 남성의 발목을 잡게 되는 것은 늙는다는 것이 약자가 되는 것과 마찬가지이기 때문이다.

나는 이것을 '남자의 질병'이라 생각한다. 남자는 어렸을 때부터 강해야 한다는 강박관념에 사로잡혀 있다. 자신의 약점을 억누르며 남들에게 보이지 않으며 허세를 부리며 살아왔다.

약점을 인정할 수 없기 때문에 겁쟁이나 비겁자를 경멸해왔다. 병이 난 동료에게는 자기 관리를 못해서라 툭 내뱉으며, 더 이상 학교에 갈 수 없게 된 아들에게는 너 같은 놈은 내 아들이 아니다, 제대로 하라며 질타도 해왔다. 장애인을 차별하며, 고령자는 분수에 맞게 집에 틀어박혀 나다니지 말라는 식으로 생각하며 살아왔다.

인지증 고령자에게는 이 정도 상태가 될 때까지 과연 살아 있을 가치가 있는 것일까. 살 가치가 없는 자는 '처분'해야 맞다(실제 이런 발언을 80대 건강한 어르신의 입에서 직접 들은 적이 있다)는 생각으로 살아왔다.

처음부터 끝까지 잘나가는 현역 상태로 중년기 그대로 죽음을 맞이할 수 있다면 그야말로 얼마나 좋겠는가. 그게 불가능한 것이 인생 100세 시대다. 죽고 싶어도 쉽게 죽을 수 없는 초고령사회가 도래했음을 내가 박수치며 환영하는 것은 우리 모두 인생 최후에는 타인의 보살핌을 받지 않고는 살 수 없으며 약자가 된다는 사실을 피할 수 없기 때문이다.

남자는 여자가 될 가능성이 없기 때문에 눈 하나 깜짝 않고 여성 차별이 가능하다. 장애인이 될 가능성도 희박하다고 생각하기 때문에 장애인 차별이 가능하다. 자신이 인지증이 될 가능성이 없다는 생각으로 살 수 있는 동안까지만 인지증 어르신에게 살아 있을 가치가 없다고 망언을 내뱉을 수 있다. 그러나 언젠가 자신도 늙고 기력이 떨어지고 약자가 되며 누군가의 도움을 구할 수밖에 없는 되는 날에는? 약자를 차별했던 어리석음이 부메랑이 되어 자기 자신에게 돌아오리라.

나이 듦이란 우리 모두 평등하게 받아들여야 하는 운명이다. 하물며 현재 이 나이가 되도록 건강 상태도 좋고 경제적으로도 여유 있게 생활해온 사람들이라면 장수할 가능성은 분명 더 높아지리라는 것이 기정사실이다.

별안간 쿵 하고 떨어지면
고통 또한 크다

지나치게 빠른 여생을 맞이하는 여성이 노후에 연착륙하는 것에 비해 그보다 훨씬 뒤에 정년이라는 변화를 경험하는 남성은 노후에 경착륙한다고 언급했다. 별안간 쿵하고 떨어지면 고통 또한 크다.

정년이 남성에게 커다란 전기가 된다는 사실은 '정년 후'를 테마로 쓴 책들이 쏟아져 나온 것만 봐도 짐작할 수 있다. 알려진 책으로는 논픽션 작가인 가토 히토시의 시리즈인 『아아, 정년』[18]과 『기다렸습니다, 정년』[19]이 있고, 공모 수기나 각계 지식인의 논고나 에세이를 이와나미쇼텐 편집부가 엮은 『정년 후 '또 하나의 인생으로의 안내'』[20] 등도 있다.

가토 씨는 1947년 베이비붐 세대가 시작된 돼지해 출생이다. '2007년 문제'(베이비붐 세대가 대거 정년퇴직을 맞이한

해)의 중심 세대다. 이 세대는 일생의 대부분을 피고용인으로 보낸 샐러리맨 세대. 정년이 인생의 대전기가 되는 사람들이다. 바로 앞 세대에게는 상공업에 종사하는 자영업자가 많았다. 그들에게 '정년'은 없었다.

게다가 여성에게도 정년은 상관이 없다. 남자들이 우르르 샐러리맨에 몰려들었던 세대의 여성들은 샐러리맨의 '전업주부' 아내였지만 이들이 포스트 육아기에 '너무 이른 정년'을 맞이하게 된다는 사실은 이미 앞에서 기술했다. '정년'이 문제가 되는 것은 샐러리맨 인생을 보내고 정년을 맞이한 사람들에 한해서다.

인생의 세 가지 정년

베이비붐 세대보다 조금 위 세대에 해당하는 홋타 쓰토무 씨(1934년 출생)가 『50대부터 생각해두고 싶은 '정년 후' 설계 계획』[21]을 썼고, 가와무라 미키오 씨(1935년 출생)는 『50세부터 정년 준비』[22]를 썼다. 홋타 씨는 록히드 사건(1976년 일본의 고급 관리들이 미국의 군수업체 록히드 사로부터 금품을 수수한 사건―옮긴이) 때 다나카 가쿠에田中角榮 전 총리대신을 유죄로 만든, 알 만한 사람은 다 아는 담당 검사였고, 가와무라 씨는 세계 각지에 전근 경험이 풍부한 상사맨 출신이다.

위 책들은 조금 앞서 정년을 맞이한 선배 격인 세대가 후배 세대에게 조언을 주는 형태를 취하고 있다. '정년'을 테마로 한 책이 2000년 전후에 등장하는 것은 대량 정년 시대를 맞이하는 베이비붐 세대를 타깃으로 하고 있기 때문이다. 『50대부터~』라는 이 책도 마침 그 무렵에 베이비붐 세대가 50대에 돌입한 사실과 무관하지 않을 것이다.

가와무라 씨는 '인생에 세 가지 정년이 있다'고 한다. 그 세 가지에는 **고용 정년, 일 정년, 인생 정년**을 들었다. 고용 정년이란 글자 그대로 직장에서 '나오지 않아도 된다'고 선고받는 '타인이 정하는 정년'이다. 일은 직업과는 달리 자기가 자신에게 준 천직 혹은 천명이다. 영어로 말하면 프로페션profession이 아닌 보케이션vocation에 해당한다. 소위 말하는 제2의 인생이다. 퇴직 후 '상쾌한 복지재단'을 설립하여 자원봉사활동 조직화까지 적극 나선 홋타 씨의 경우를 보더라도 1989년 이후의 정년은 종신고용제가 성립한 메이지 시대 정년과는 달리 여유 있게 '제2의 인생'을 다시 시작할 수 있을 만큼 기력이나 체력도 아직은 충분하다는 사실을 알 수 있다. 메이지 시대 평균수명은 50세. 요즘의 55세 정년제도는 말 그대로 그 당시에는 '종신고용'이었을 것이다.

가와무라 씨의 경우에는 눈코 뜰 새 없이 돌아가는 상사맨 시절을 보낸 후 대학교수로 변신했다. 연구와 저술 외에도 젊은이를 가르치는 남부럽지 않은 '제2의 인생'을 택했다. 엘리트 샐러리맨이 정년 후 대학교수가 되는 것이 '신분 상승'의 대명사라고 들은 적이 있지만, 가와무라 씨가 대학으로 옮긴 1994년은 대학원 중점화가 막 시작될 시기였다. 그 후 저출산으로 대학 시장도 축소화하고 있는 현재 시점에 와서는 가와무라 씨와 같은 운 좋은 선택지는 이제 그리 많지 않을 것이다.

가와무라 씨는 '일'에도 정년이 있다고 한다. '일 정년'은 본인이 정하는 정년이다. 그다음 최후에 '인생' 정년이 있다. 인생의 정년만큼은 어느 누구도 마음대로 정할 수 없다.

중장년, 벤처에 뛰어들기

이제 50대 정년은 너무 이르다. 55세 정년제는 60세까지 연장되었지만, 요즘 60세는 그래도 너무 젊다. '65세 이상'을 '고령자'라고 한 정의는 마땅히 재고해야만 한다. 연공서열을 유지한 채 정년 연장을 하게 되면 연장자 지배가 일어날 수 있고, 고용 비용이 불어난다. 따라서 기업은 정년제를 유지한 채 재고용하는 교활한 방법을 생각해냈다. 그렇게 하면 경험이 풍부한 인재를 싼 임금으로 이용할 수 있기 때문이다.

하지만 같은 기업이 계속 고용하지 않더라도 채용 조건에 '60세 이상에 한해서'라는 단서가 붙는 고령자 노동시장이 성립하면 좋겠다. 고령자 인력센터를 말하는 것이 아니다. 여태껏 고령자 대다수는 그들의 경력이나 경험을 살릴 수 없는 직종에서 일하고 있다. 연령, 지위, 임금이 연동하지 않는 시스템만이라도 갖춰지면 고령자가 활약할 수 있는 일자리는 더욱 확대될 것이다. 연공서열은 고령자 당사자에게도 발목을 잡는 방해물이 될 수 있다.

젊은이의 벤처기업이 있는 것과 마찬가지로 고령자들만의 회사가 있어도 좋을 듯싶다. 경제학자인 시마다 하루오島田晴雄 씨는 일본 고령자들의 높은 저축 지향성을 우려해 돈을 은행에 저축한 채로 '죽은 돈'으로 만들지 말고, 사업에 투자하는 '살아 있는 돈'으로 만들자고 외쳤다. "고령자들이여, 회사를 차리자."라고 하는 일종의 창업 권장이었다.

이제는 젊었을 때처럼 화려한 멋을 좇지 않아도 된다. 누군가에게 고용되지 않고 **내가 나를 보스로 만들어** 내 페이스로 활동하면 그만이다. **60세부터 시작해도** 족히 20년간은 활동할 수 있기에.

부부에게도 정년이 있다

하지만 가와무라 씨의 '세 가지 정년'에 하나 빠진 것이 있다. 이름하여 '가족 정년'이다. 대다수 경솔한 사람들이 그렇게 여기듯 가와무라 씨도 가족 정년을 맞이하기 전에 인생 정년을 맞이할 수 있다고 믿고 있는 것은 아닐까. 아니면 애당초 '가족'이 시야에 들어오지 않았던 것일까. 가족이 있거나 말거나 인생에 큰 변화가 없을 만큼 직장이나 일에 몰두하여 살아온 탓일까. 이도 저도 아니면 가족에 대해 언급하지 않는 것이 '남자의 미학'이라고 굳게 믿고 있기 때문일까. 사실 가와무라 씨의 책을 보면 가족의 존재가 미미하다.

남편의 고용 정년은 실제로 아내에게 지대한 영향을 미친다. 너무나 빠르게 닥친 여생을 보내고 있는 중에 어느 날 느닷없이 귀가한 남편 때문에 또다시 아내가 '직장 복귀'를 해야 하기 때문이다. 이런 남편들을 이른바 '젖은 낙엽족'이라는 둥, 아내만 졸졸 따라다닌다 해서 '아내 따라 삼만리족', 또 '아내 관심 구걸족'이라는 둥 여러 가지 이름으로 불렸던 것이 기억에 새롭다.

특히 아내에게 막중한 부담으로 다가오는 것은 1일 3식, 그중에서도 점심식사 준비다. 점심식사 준비 때문에 시간에 얽매이고 돌아다닐 자유도 없어지고 지금까지 해왔던 지역센터의 문화활동이나 봉사활동도 그만둬야 할 판이라며 투덜대는 구세대의 아내도 있다.

그러나 정년은 한편으로는 부부의 위기이기도 하다. 고용 정년을 부부 관계에서 '연착륙'하기 위해서도 남성의 ADL(Activities of Daily Living. 일상생활 활동. 이 책의 3장 참고)의 자립은 필수불가결한 사항이다.

'가족 정년'에는 '부부 정년'과 '부모 노릇 정년'이 있다.

'부부 정년'은 사별로도 혹은 이혼으로도 찾아온다. '부모 노릇 정년'을 도통 맞이하지 못하게 하는 자식이 있다면 자신의 육아를 반성해볼 필요가 있다. '부모 노릇 정년'이란 졸업하기 위해 있는 것이기에. 그렇다고는 하나 최근에는 대학원 진학을 원하거나 부모의 집에서 마냥 붙어 있으면서 떠날 생각을 하지 않는 패러사이트족(최근 들어 일본에서 만들어진 신조어로, 영어로 '기생충'을 뜻하는 'parasite'를 딴 말이다. 대학까지 졸업하고도 정규직에 종사하려 하지 않고, 편의점이나 패스트푸드점 점원 같은 저임금 임시직 노동을 하며 용돈이나 벌면서 납세나 생계의 의무를 부모에게 의탁하고 부모로부터 독립하지 않으려 하는 20대 중·후반의 젊은이들을 가리킨다—옮긴이)이 늘어 '고용 정년'이 되더라도 '부모 노룻 정년'을 맞을 수 없다는 것은 참 괴로운 현실이다.

'부부 정년' 다음에는 물론 정년 후의 인생이 있다. 여성에게는 '남편과 사별 후 오히려 홀로 남은 노후를 즐긴다'는 '고케라쿠後家楽'라는 말도 있지만, 이에 해당하는 남성용 용어는 아직 없다. 남성은 '부부 정년' 후를 가정하고 있지 않는 것인지도 모르겠다.

가와무라 씨 세대에서는 결혼 안정성이 높고 남자에게나 여자에게나 결혼이란 '평생 한 번'이었을지도 모르지만, 그것도 이젠 옛말이 된 지 오래다.

쌩쌩하게 활동하는
싱글 선배들

대량 정년을 눈앞에 둔 베이비붐 세대를 위한 퇴직 준비용 자기계발서가 여러 권 출간되었음에도 기업 쪽도 정년 후 남성의 '그 후'가 신경이 쓰이는지 부부를 대상으로 '퇴직 준비 강좌' 등을 제공하는 기업도 있다. 예전에 대기업의 위탁으로 '정년퇴직자 모델' 조사를 실시한 적이 있다. 옆에서 봐도 적극적이면서 정년 후도 쌩쌩하게 활동하는 자타공인 '정년퇴직자 모델'에게는 공통점이 있었다. 소위 말하는 **회사 인연社緣 외에도 인간관계가 풍부하다**는 점이다.

지금부터 기술하는 내용은 그런 조사 결과에서 드러난 '정년퇴직자 모델'의 프로필이다. 그 당시 자료에는 대상자의 '가족 정년'은 미처 포함되지 않았다. 거기에 '가족 정년'을 첨가해 모델화한 것이 앞으로 얘기할 노부오 씨와 시로 씨의 경우다. 다소 각색을 했다.

낚시광 노부오 씨

노부오 씨(68세)는 관서 지방에 있는 대기업에서 8년 전에 정년퇴직했다. 일은 그럭저럭 해냈지만 사내 출세 경쟁에는 관심이 없어 50대에 자회사로 갔다가 정년 직전에 본사로 돌아와 본사에서 정년을 맞았다. 동기 중에는 임원이 된 이도 있지만 자신은 부장대리에서 스톱했다. 본사에 돌아오게 해준 것도 인사 배려 차원이라 생각한다.

원래 낚시광이었던 노부오 씨에게는 예전부터 낚시 동료들이 있다. 택시기사나 간이식당 사장 등 직업도 다양하다. 새벽 4시에 일어나 어둑어둑할 무렵부터 만나서 바다낚시를 떠난다. 동료들과 조를 짜서 낚싯배를 빌린다. 계절에 따라 낚시 장소도 달리해 여름에는 계곡으로 낚시하러 간다. 잡은 고기 일부는 바로 그 자리에서 요리해 먹고, 남은 고기는 집으로 가져와 냉동해둔다. 그래서 커다란 전용 냉동고도 샀다. 생선을 등뼈를 따라 두 조각으로 회를 뜨는 솜씨도 점점 좋아지고 데바 칼이나 야나기 칼 등 전문 요리사 급으로 여러 종류의 칼을 갖추고 있다.

아내가 있었을 때는 전날 밤 만들어준 오니기리(주먹밥)

를 들고 나왔다. 낚시 양이 많았을 때는 생선 배를 갈라 말리거나 하는 일은 전부 아내 몫이어서 처음엔 아내가 비명을 지르기도 했는데, 그런 아내가 3년 전에 암으로 세상을 떴다. 가족이 다 한자리에 있을 때에는 '아버지가 한 요리'로 식구들에게 즐거움을 주었으나 이젠 다 지나가버린 얘기다.

휴일이라 해봤자 싫은 내색 없이 어둑어둑한 새벽녘부터 일어나 낚시 가는 노부오 씨를 아내는 못 말린다는 표정으로 바라보았지만, 그 덕에 아내 없이는 휴일을 주체 못 하는 '젖은 낙엽'이 되지 않고 잘 견뎠다. 아내를 잃은 후 무료함을 달래준 사람도 다름 아닌 낚시 동료들이었다. 원래 착실하고 이것저것 손재주가 있어서 아내가 없더라도 일상생활이 별로 불편하지 않다.

아내를 잃고부터는 낚시 동료가 운영하는 식당으로 그대로 직행한다. 맥주잔을 기울이며 그날의 성과를 생선과 비유해서 기분 좋게 이런저런 이야기꽃을 피운다. 아내가 있는 사람도 있지만 어쩐 일인지 집에 직행하지 않고 스낵바에서 하루 일과를 마치는 것이 습관이 되었다. 이처럼 정년 후를 맞이한 동료들은 어지간한 집에서도 있을 만한 곳이 없는 듯하다.

직업이 다르다 보니 업무 얘기는 서로 하지 않는다. 혹여 여자가 있더라도 낚시 화제에 끼어들지 못하므로 여자는 필요치 않다. 건강이 허락하는 한 낚시 동료들을 소중히 여기고 싶은 바람이다.

소년야구팀 감독 시로 씨

시로 씨(62세)는 40대 무렵 중학생이었던 장남이 끼어 있는 아마추어 야구팀 코치를 자청해서 맡은 이후 줄곧 소년야구팀 자원봉사활동을 하고 있다. 예전에 소년야구단이었던 경력을 살려서 스스로 야구에 빠져들었다. 아들이 졸업한 후에도 감독직 요청을 받아들여 팀에 잔류했다. 휴일이란 휴일은 전부 야구를 위해 보냈기 때문에 가족에게 원망을 산 적도 있다.

정작 본인 아들은 자라면서 아버지를 멀리하는 눈치였지만 소년야구팀에는 해마다 어린 회원이 들어온다. 따라서 신입 멤버들의 어머니들도 매년 더 젊어진다. 팀을 보살피고 있노라면 멤버들과 늘 함께하는 젊은 어머니들 중에 팬도 생기면서 그런대로 괜찮았다. 자원봉사활동이므로 사례를 받지 않기 때문에 지역대회에서 성적이 좋은 경우에는 넥타이라든지 야구용품이라든지 마음에 드는 선물을 주기도 한다.

샐러리맨 시절에는 합숙이나 원정경기가 생기면 유급휴가를 받아 쓰면서도 주위에 신경을 쓰면서 나가곤 했지만 정년 후에는 오히려 신경 쓸 일도 없어 집중이 더 잘되었다. 어린아이들은 다 사랑스러웠다. 젊었을 적에 교사가 되고 싶은 꿈이 있었기에 이런 식으로 제2의 인생에서 아이들과 함께하는 일을 하면서 천직이라 느꼈다.

지난해에 병으로 아내를 잃었을 때는 야구팀 멤버 어머니들이 육친과도 같이 위로해주어 큰 힘이 되었다. 아내가 입원 중이었을 때도 음식을 만들어 집에 보내주거나 빨랫감을 맡아주거나 진심으로 이런저런 배려를 해주었다. 남자친구들이었다면 이렇게까지는 하지 않았을 것이다. 망연자실한 상태였던 아내의 장례식 때도 모든 일을 도맡아서 해준 이들은 다 멤버의 어머니들이었다.

야구팀 졸업생이나 그들의 부모들이 연일 조문을 와주고 경황이 없는 날들을 보내면서 슬픔에 젖어 있을 틈조차 없었다. 아내의 죽음을 이겨낸 것도 이들 동료들 덕분이었다.

이들 젊은 어머니들 사이에는 사적인 호의를 품은 여성도 없지는 않았겠지만 이런 친분에서 지레짐작은 금물이다. 어머니들이 서로 감시하는 것을 알고 있기 때문에 어떤 여성과도 어느 정도 거리를 두고 친분을 쌓았다. 그래서 오히려 관계가 계속 이어졌으리라. 소년야구팀에 어머니들이 함께하리라는 사실은 미처 생각지 못한 보너스였다고나 할까. 지금까지도 무슨 일이 있을 때마다 늘 마음을 써준다. 오히려 며느리들보다도 성실하며 친절하다. 지금 자신의 생활에 마음의 여유가 도는 것은 전부 그들 덕택이라는 생각이다.

출세를 포기하니 다시 다가온 삶의 보람

노부오 씨나 시로 씨처럼 '정년퇴직자 모델'이 정년 후에 '연착륙'하는 이유에는 다음 두 가지 공통되는 조건이 있다.

첫째, 회사와 가족 이외의 인간관계가 있다.

둘째, 연착륙을 위한 도움닫기 기간이 길며 50대부터가 아닌 40대부터 도움닫기를 시작했다는 사실이다.

이것이 이유가 될지 어떨지 결과는 잘 모르겠지만, 이들은 하나같이 회사에서 그다지 출세와는 거리가 멀었다. 출세 경쟁에 지대한 관심을 보이지 않는 점도 이들의 공통점이었다. 회사 이외의 활동에 열을 쏟았기 때문에 출세를 못 했는지, 아니면 출세를 포기했기 때문에 다른 데서 삶의 보람을 찾았는지, 혹은 애당초 출세에는 마음을 두지 않았기 때문이었는지 딱히 그 이유를 분명하게 밝히기는 어렵다.

시로 씨는 자기 지역 소년야구팀을 그만둘 수 없었기 때문에 전근을 해야 할 인사이동을 거절까지 했다고 한다. 회사 내 그의 평가는 그 시점에서부터 그대로 멈췄다. 팀 내 소년들과 부모들이 계속 간청해왔다. 가슴이 벅차올랐다. 회사 일이란 얼마든지 대타가 있지만 야구팀 감독은 자신이 아니면 안 된다는 자부심도 있었다. 지금 스스로 돌이켜봐도 그 당시 그의 선택은 틀리지 않았다는 생각이다.

자신만의 제3의 아지트를 가꾼다

가족 정년, 특히 사별로 인한 배우자의 상실감은 남성에게는 커다란 타격인 것만은 잘 알려진 사실이다. 노부오 씨나 시로 씨의 경우도 그런 상처를 줄여준 이들은 동성, 이성 그리고 세대를 뛰어넘는 동료들이었다.

자식들은 각자 제 가족이 있어 장례식에 오더라도 끝나면 다시 흩어져 돌아간다. 특히 아들과 아버지의 관계는 참 마음대로 되지 않는다. 상황을 잘 모르는 며느리는 집에 오더라도 '손님'에 지나지 않는다.

배우자 상실이라는 큰 상처에서 오랫동안 헤어나지 못하고 우울증에 걸리는 초로의 남성들이 참 많지만, 뒤집어 말하면 정년 후의 인간관계를 오로지 가족에게만 의존해온 어리석음 탓이라고 하면 매정하다고 할지 모르겠지만 나는 그렇게 말할 수밖에는 없다. 왜냐하면 반대로 여성의 경우는 그와 같은 일이 별로 일어나지 않기 때문이다.

정년이 되고 나서 '가정으로의 회귀' 등은 반기고 싶은 마음이 없다. 오히려 민폐가 될 뿐이다. 정년이 되고 나서 필요한 것은 직장도 아니고 가정도 아닌 제3의 자신의 활동 거처다. 노부오 씨나 시로 씨도 그런 활동 거처를 현역 시절부터 시간을 들여 준비해왔다. 그랬기 때문에 '연착륙'이 가능했던 것이다.

남자는
여자에게 배워라

30대 후반부터 '너무도 빠른 여생'을 맞이한 여성은 가정이나 직장이 아닌 '제3의 공간(아지트)'을 찾아 네트워크를 구축해왔다. 나는 그것을 탈혈연, 탈지연, 탈회사연을 의미하는 '선택연選択緣'이라 명명하고 현장조사를 한 적이 있다.

핵가족 도시 샐러리맨을 남편으로 둔 전업주부는 지연과 혈연 굴레에서 자유롭다. 구속받지 않는 대신에 지원도 없다. 회사 진출의 경우는 어떤가 하면 예전이나 지금이나 중장년층 여성에게 기업의 문은 좀처럼 열리지 않는다. 직장은 있어도 삶의 보람이나 일하는 보람도 없는 저임금의 불안정 고용이다. 그렇다고 하면 자신의 거처를 스스로 확보하고자 하는 여성들은 의지나 취미, 지역활동이나 아이들과의 연계로 여성만의 네트워크를 만들어냈다. 그중에는 친척도 하기 어려운 조력이나 정보 교환이 이루어지는 경우도 종종 있으며, 개중에는 여성들끼리의 인연으로 창업을 한 사람도 있다.

인생의 위기를 막아내는 네트워크

여성들의 인연이 가장 큰 효과를 발휘하는 시기는 인생에 위기가 닥쳤을 때다. 첫 번째가 이혼의 위기, 두 번째는 남편과 사별의 위기. 두 경우 모두 가족 해체와 관계있는 중대사이다. 나이 든 여성이라면 누구나 언제 닥칠지 모르는 남편의 죽음을 예상하고 있지만 '장례식 일손'에 동원되는 이는 회사 동료도 아니요, 멀리 사는 친척도 아닌 여성들 인연으로 이루어진 모임 동료들이란 사실을 알게 되었다. 그들이 와주었기 때문에 '멀리 사는 친척을 부르지 않아도 된다고 늘 아버지께 말씀드린다'는 50대 여성도 있다.

현역 시절은 어찌 됐건 고령자는 일을 그만둔 이후의 기간이 길기 때문에 새삼스레 장례식 일손에 회사 관계자들을 부를 수는 없다. 그들은 의례적으로 조문객으로는 오겠지만 이들에게 집안 사람들에게나 부탁할 수 있는 뒤치다꺼리를 부탁할 수는 없는 노릇이다.

멀리 사는 친척은 좀처럼 올 일이 없기 때문에 집안 살림살이를 모른다. "올케, 녹차는 어디 있지? 찻잔은 어디 있고?" 이렇게 일일이 물어오면 유족으로 한탄하며 슬퍼할 겨를조차 없다.

이런 경우에 힘을 발휘하는 사람들이란 평소에 교제하는 여자들 모임의 동료들이다. 살림살이를 알고 있는 타인의 부엌에서 몸을 아끼지 않고 일을 하며 뒷일을 도맡아서 해준다.

"그러니까 아버지한테는 장례식 치를 내 일일랑 걱정 붙들어 매고 안심하고 떠나라고 한다니까." 하는 여성도 있다.

걱정은커녕 오히려 남편과의 사별을 기다리는 여성까지 생겨났다. 시부모를 간병하다 자식들도 하나둘 집을 떠나가고 방 개수 많은 큰 집만이 남았다.

"노후엔 이 집을 고쳐서 모두들 같이 살까 하고 있어요." 라는 여성의 '노후 계획'에 남편의 그림자는 없다.

여자들 인연의 일등공신은 남편의 장시간 노동과 아내에 대한 무관심과 무간섭이다. 집에 없는 가장과 아내가 무엇을 하든 관심 없는 남편이 여자들 모임에 날개를 달게 했다. 이런 여자들 친목 모임을 유지해나가기 위해서 아내들은 뭐든지 한다. 남편에게 전근 발령이 떨어져도 아이들 교육을 핑계 삼아 기러기 아빠를 만들거나 집안일도 대충대충 하면서 자식들 자립을 재촉한다. 반대로 남편의 정년은 여자들 친목 모임의 최대 위기다. 남편이 집에 들어앉는 순간, 아내의 자유는 강탈당하고 만다.

회사 밖에도 인생이 있다고?

이 조사 결과를 책으로 만들어 『'여자들 인연'이 세상을 바꾼다』[23]란 단행본으로 출간했다. 경제신문사인 니혼게이 자이신분샤가 굳이 여자 이야기를 간행한 이유는 그들의 남편인 샐러리맨족이 읽어봤으면 하는 바람에서였다. 사실 어떤 남성 독자는 "아내들이 이런 일을 해왔다니……." 하면서 말을 잇지 못했다.

이 책은 여러 가지 형태로 효과를 나타냈다. 모 대기업이 입사 10년차인 중견사원 연수 때 강사로 나를 초대했다. 여성 파워를 들려달라는 요청이었다.

입사 10년차는 사내에서 실력 차이가 확연히 드러나는 때이다. 출세 가도를 달리는 인재와 그렇지 않은 인재가 둘로 나뉜다. 사내 경쟁이 몹시 치열한 것으로 잘 알려진 그 기업에서는 지점장 업무는 50대엔 이미 물 건너간 것으로 봐야 한다는 말조차 오르내릴 정도다. 체력이 떨어지는 50대는 격무를 감당할 수 없게 되기 때문이란다.

나는 강연에서 당신들이 아득바득 살아가는 동안 아내들은 이토록 여유로운 인생을 즐기고 있다고 했지만, 곧이어 인사 담당자의 숨은 의도를 알아차리고는 깜짝 놀랐다.

인사 담당자의 망언인즉슨,

"고로 낙오자들은 회사 이외에도 인생이 있다는 말씀을 꼭 명심해야 한다니까요."라는 것이었다.

일하는 아내의 황금기

여자들 인연이란 책은 초판 간행으로부터 딱 20년 후 『'여자들 인연'을 살아온 여자들』[24]이란 제목으로 20년간의 행적을 추가해 증보 간행되었다. 그 안에 수록된 여성들의 '20년간' 인생 궤적이 흥미롭다.

그 여성들은 나와 함께 여자들 네트워크의 현장조사를 직접 한 조사팀의 멤버들이다. 엄마 노릇을 끝마치고 나서 평균 연령 53세에 '아틀리에 F'란 회사를 차렸다. 결혼 후 한 번도 취업 전선에 뛰어든 경험이 없는 전업주부들이 어느 날 갑자기 전원 임원이 된 것이다. 사원은 없지만. 멤버들은 회사 설립 후 해산까지 15년간 남편의 부양가족에서 벗어날 정도로 '일'에 열중하는 시간을 누렸다. 멤버 중에는 그전까지는 맛집을 찾아다니는 미식가나 쇼핑을 즐기던 양

갓집 규수도 있었다. 그러던 그녀가 이렇게 피력했다.

"지금까지 여기저기 맛집을 찾아다니거나 좋다는 데는 다 돌아다녀봤지만, 그런 친구들과는 교제를 딱 끊었습니다. 그것보다는 일이 훨씬 재미있었으니까요."

'여생'이 먼저 오고, 그다음에 '일'하는 인생이 온 경우이리라.

회사를 시작한 시기는 자녀양육이 끝나고 남편의 정년은 아직 남아 있는 때, 바로 아내들의 '황금기'. 남편의 정년이란 그녀들의 일의 위기이기도 했다.

그중 한 사람인 요시코 씨의 남편은 집에 있게 되면서부터 회사에 나가는 아내에게 "임원 나리, 출근하시는구먼." 하며 야유도 했다. 그런 짓궂은 행동도 한때. 마침내 남편은 식사를 준비하며 아내의 퇴근을 맞이하게 되었다. 부부가 함께 심장병과 암 투병 생활을 견뎌내고 지금은 완전히 동지처럼 지내며 사이가 좋다.

사우나에서도 직함으로 불리는 남자들

여자들의 네트워크를 연구를 하고 있을 때, 그렇다면 '남자들의 네트워크'는? 이런 질문도 종종 받곤 했다. 그래서 '남자들 인연'도 조사했다. 다음이 그 사례다.

오사카 서민들 동네에 지금은 많이 사라진 공중목욕탕 남탕에 '공중목욕탕 동호회'가 생겼다. 남탕이므로 회원은 당연히 전원 남성이었다. 20대부터 70대까지 세대를 뛰어넘은 '알몸 교제'를 편안해하는 남자들의 모임이다. 모임이 만들어지자 바로 정관을 만들어 회사 복사기로 복사해온 멤버도 있었다. 조직도를 만들고 회장과 경리부장직을 만들었다.

처음에는 재미로 시작한 것이 어느덧 목욕탕에서 만나도 서로를 '회장', '부장' 하며 직급명으로 부르게 되었다. 벼르고 별러 현실에서 격식을 버리고 마음을 터놓고 얘기할 수 있는 교제가 되리라 예상했으나 언제부턴가 종적인 인간관계가 형성돼버렸다. 이런 것이 마음에 걸려 그만둔 젊은이도 있었다.

남성은 조직 구성에 능하다. 그 대신 남성들이 만든 조직은 그들이 익히 잘 아는 조직, 요컨대 기업과 닮아간다. 당연히 처음에는 자유롭게 만들었을 터인 그 집단이 어느새부턴가 **기업 축소판**이 돼버리고 만다.

남자들의 우정은 여차할 때 도움이 될까

비슷한 시기에 회사를 떠나 타 업종과 교류를 해볼까 하는 기운이 한창 고조되었다. 그런 모임에 몇 번인가 얼굴을 내밀었지만 명함 교환이 시작되면서 금방 싫증이 났다. 다들 자신이 하는 일에 이익이 될 만한 것은 없을까 하는 속셈으로 참가한다는 것을 바로 알아차릴 수 있었기 때문이다. 이런 모임에 자신의 신분을 내려놓고 참가하는 사람은 없다.

그렇다면 아무런 득이 없는 '군자의 풍류놀이君子の清遊'란 없을까 하고 찾고 있던 중에 오래된 점포들 모임인 산악회라든가 야생조류회 같은 어르신들 모임을 발견할 수 있었다. 로터리 클럽이나 라이온스 클럽 등은 자선 단체처럼 보이지만 사실은 지방 명사들의 친구들 모임이기 때문에 거론하지 않겠다.

분명 등산이라든가 야생조류 관찰 등은 얼핏 봐서는 직업상 이익과는 관계가 없는 듯하다. 그러나 바로 알게 된 사실은 그런 모임에도 현직을 둘러싼 남성들의 파워 게임이 존재한다는 것이다. 권력이나 부가 따르지 않는 명예직에도 남자들이 내려놓지 못하는 명예라는 자원을 에워싼 파워 게임이 있었다.

차이는 그것뿐이 아니다. 여자들은 여자들 사이의 네트워크로 인생의 위기에서 살아남을 수도 있다. 그러나 남자의 인연은 그렇지 않다. 앞에서 언급한 '약점 드러내기'를 하지 않기 때문이리라. 이렇게 되면 '군자의 풍류놀이'는 결국 풍류놀이로 끝날 뿐. **가면을 쓰거나 체면을 차린 채로 존재할 수밖에 없는** 그런 사이의 교제가 될 뿐이다. 내가 감기에 걸렸을 때 풍류 친구가 따뜻한 죽 한 그릇 끓여 오리라는 기대 따위는 사실 갖기 어려운 일이 아닌가.

과연 남자의 우정이란 막상 무슨 일이 닥쳤을 때 정말 의지가 될 수 있겠는가.

남성은 호모소셜

남자란 '죽지 않으면 결코 낫지 않는 병'과도 같다는 생각이 절로 드는 때가 있다. 다름 아닌 돈과 권력에 취약하다는 점이다.

여자란 여자라는 사실을 증명하기 위해 남자에게 선택받아야 하지만, 그 반대는 성립되지 않는다. 다시 말해 남자는 남자라는 사실을 여자에게 선택받음으로써 증명하는 것이 아니라, 남자들 집단 안에서 남자로서 인정받는 것으로 증명한다. 남자가 남자가 되기 위해서 여자는 필요하지 않다. 남자는 남자에게 인정받음으로써 남자가 된다. 여자는 그다음 포상으로 딸려 온다.

이런 남성 집단의 모습을 전문용어로 '호모소셜homo-social'

이라 부른다. 호모섹슈얼에 가까운 천황을 향한 무한한 지극정성과도 같은 사랑이 남자들 사이에 존재한다. 남자가 정말로 사랑에 빠지는 대상은 여자가 아닌 남자다. 무사도의 지침서인 『하가쿠레葉隱』에 나오는 '사랑'도 근간을 말하자면 남자가 남자에게 빠지는 사랑 이야기이다.

남자들을 보더라도 여자에게 선택받는 것보다는 **동성인 남성에게 "너 꽤 쓸 만한데."라는 말을 듣는 것을 최고의 찬사로** 여기는 면이 있다.

남자들이 목숨을 걸 정도로 일에 열중하는 이유는 '처자부양'을 위해서도 아니요, '회사 이외에 거처가 없어서'도 아니다. 오로지 파워 게임에서 경쟁하는 것 자체가 즐겁기 때문이라 장담한다.

일이면 일, 노름이면 노름, 프로야구 게임이면 게임, 다 마찬가지다. 그들은 승부에 목을 맨다. 미국의 한 연구자가 지적했듯이, 남성은 귀가해서도 프로야구나 프로축구 등 승패를 다투는 게임을 보는 데 하루에도 몇 시간씩 허비한다. 전쟁을 무해한 모의 게임으로 만든 것이 스포츠라는 사실은 올림픽의 기원을 봐도 알 수가 있다. 그들은 근무시간에는 직장에서 경쟁하고, 퇴근 후까지도 격투기나 스포츠 관전에 열을 올린다. 어지간히 '전쟁'을 좋아하는 모양이다.

머릿속은 아직 '사장님'

그러나 거듭 말하지만 노후란 '내리막길'의 시기이다. 승부를 다툴 필요가 없는 시간이다. 파워 게임이라면 명함을 실제보다 과장해서 보여주는 게 상대를 위협하는 데도 필요할 것이다. 그러나 '내리막길'을 내려가는 지혜는 자신이 쥐지 못한 카드를 오히려 다른 사람에게서 빼내기 위한 '약점 드러내기'에 있다. 그동안 남성이 싸워온 지혜와는 정반대에 있는 것이다.

고로 **삶의 방식을 180도 바꾸지 않으면** 남은 **후반부 인생을 살아가기가 무척 고되다.** 그것을 잘 보여주는 예가 하나 있다.

어느 지방에 있는 그룹홈(고령의 인지증 환자가 간병인과 함께 소수 인원으로 생활하는 시설로서, 사회생활에 적응하기 힘든 장애인이나 노숙자 등이 자립할 때까지 소규모 시설에서 공동으로 생활할 수 있게 하는 제도를 말한다—옮긴이)의 이야기다. 여덟 명 정원에, 입주자는 여성이 일곱 명, 남성이 한 명이다. 인지증을 앓고 있는 이 남성은 다른 시설에서 문제를 일으켜 이미 두 군데서나 쫓겨났고 그런 소동의 여파로 이 그룹홈에 겨우 들어왔다. 이 남성의 아내는 이미 재택 간병을 할 능력을 잃어 만일 이곳에서도 쫓겨날 경우

앞으로 더는 갈 곳이 없다고 한다.

"부탁입니다. 남편 이외에 다른 남성 이용자를 들이지 말아주십시오."라며 경영자에게 간절히 부탁해 입주했다는 말 못할 속사정이 있다.

고령이 되면 남녀 비율이 변해 여성 쪽이 많아진다. 어떤 그룹홈이든 여성이 많고 남성이 적은 것이 다반사지만, 거기에 대놓고 아예 '남성 이용자를 들이지 말았으면' 하는 조건을 다는 것은 예사로운 일이 아니다. 영업 방해라고도 할 만하지만, 이 시설 경영자는 아내의 요구를 받아들였다.

그곳을 방문했을 때의 일이다. 할머니 일곱 명이 여성 직원과 둥근 테이블에 둘러앉아 감칠맛 나게 차를 마시고 있었다. 하지만 단 한 사람, 그 할아버지만은 사람들을 등지고 홀로 텔레비전 쪽에 있는 소파에 앉아 있었다. 몸은 텔레비전 쪽을 향해 있었지만 방송을 보고 있는 것 같지는 않았다. 나는 소파 옆에 눌러앉았다. 그러자 할아버지는 뒤를 돌아보며 할머니들이 앉아 있는 둥근 테이블 쪽을 바라보면서 밉살스러운 말투로 이렇게 중얼거렸다.

"**우리 사원들은** 하루 종일 차만 마시며 **일할 생각은 하지도 않네.**"

지당한 말씀. 일리가 있는 말이다. 할머니들은 하루 종일 맛있게 차만 마시고 있으니까. 할아버지는 원래 경영자였다. 머릿속은 경영자였던 그 시절 그대로이다. 그러나 동료를 '사원'이라 부르는 **고압적인 시선**이라면 당연히 **미움을 살 만하다.** 할머니들은 들리는지 안 들리는지 상대하지 않았지만, 이 말에 마구 덤벼드는 사람이 있었다면 문제가 발생했으리라. 다른 남성 이용자가 있었다면 싸움이 일어났을지도 모른다. 사실 다른 시설에서 연방 트러블을 일으킨 탓에 쫓겨 나왔기 때문에 아내가 그처럼 애원했던 것이었다. 아무리 그렇다 치더라도 실제 말투에 정이란 눈곱만치도 묻어 있지 않았다. 시설에 들어가기까지 아내 또한 오죽이나 힘들었을는지.

여자들은 어울려 지내지만, 남자들은 제각각

우리가 타 시설에서 실시한 조사에서도 이와 비슷한 결과가 나왔다. 건축가 팀과 함께 데이케어 이용자 중 누가 어디에 있고 어느 방향을 바라보며 어떤 소통을 하는지를 5분마다 정점 관측하는 무척이나 번거로운 조사였다.

이 조사에서도 여성 고령자는 어울려 지내는 경향이 있었지만, 남성은 남성들끼리 어울리지 않고 각각 등지고 있고 대화도 적은 경향을 보였다. 텔레비전 앞 '지정석'에 앉아 있는 사람은 대개가 남성 이용자다. 딱히 텔레비전을 좋아해서 그런 것도 아닌 듯하다. 거기에 앉아 있으면 자신에게 말을 걸어오지도 않고, 자기 스스로도 먼저 말 걸지 않아도 되기 때문이리라.

그러던 남성이 집단에 녹아드는 경우는 여성만 있는 집단 속에 홀로 참가할 때이다. 여자들만 있는 하렘(일부다처체 혹은 남성 한 명이 여러 명의 여성을 거느리는 상태―옮긴이) 상황에서 **자기 혼자 '독불장군'**이 되거나 혹은 **'애완동물'**이 된다면 관계는 안정될 듯싶다.

고령자 그룹 생활인 '코코coco 쇼난다이'를 몇 번째인가 방문했을 때의 일이다. 이 그룹 생활이란 한 건물 안에 각자 자기 방이 있고 식당 등을 공동으로 사용하며 식사 준비나 청소 등 생활의 일부를 입주자가 공유하는 협동 거주 형태의 공동주택이다.

그곳에 시각장애인 남성 입주자 한 분이 계셨는데, 그분이 돌아가시고 난 후였다. 방이 비게 되면 다음 입주자 모집이 시작된다. 열 명이 정원인 조그마한 곳이었다. 거기에 입주해 있는 여성 입주자들께 "이번에도 남성분이 들어오셨으면 좋을까요?" "남성분이 들어오신다면 몇 명 정도가 적당할까요?"라고 여쭤봤다.

거기에 있던 분 모두에게서 '남성 대환영'이란 대답이 돌아온 것은 예상 밖이었다. 남성이 있어야 대화 폭이 넓어져 재미가 있기 때문이라 한다.

역시! 여성 집단은 남성에게 결코 배타적이지도 않고 오히려 그 차이를 즐기는 경향이 있다.

"몇 명까지?"라는 질문에는 대답이 분분했다. "한 명 정도." 혹은 "두 명까지는 괜찮지." 등등. 그러나 '세 명 이상'이라거나 '반 정도'라는 대답은 결국 듣지 못했다. '두 명 정도라면' 남자들끼리의 대립도 어떻게든 잘 무마할 수가 있다.

하지만 세 명이 넘어가게 되면 남자들 사이에서 파워 게임이 벌어진다고 생각하기 때문일까. 고령자 중에서 남성의 수가 적어지는 이유도 자연의 섭리일는지.

혼자 살아가는 힘,
싱글력을 기른다

"혼자서 얼마나 적적하시겠어요?"라는 말은 혼자 있을 수 없는 사람이 혼자 있을 수밖에 없을 때나 하는 대사다. 오히려 혼자 있고 싶은데도 혼자 있을 수 없는 불행도 있다. 혼자 있고 싶을 때 혼자 있을 수 있는 더없는 행복이 싱글 생활에서는 가능하다.

여성이든 남성이든 싱글에게는 '싱글 내성'이란 게 있다.

아니, 이렇게 말하면 마치 스트레스 내성 운운하는 것처럼 들리니 싱글 내성이라는 말은 하지 말자. 왜냐하면 싱글로 있는 그 자체가 힘들거나 괴로운 것처럼 들리기 때문에. 고독의 내성이라는 말과 연상해서 아무 생각 없이 싱글 내성이라 했지만, 싱글=고독이라는 등식은 잊어주기 바란다.

그 대신에 이것을 '싱글력'이라 부르기로 하자. 노인이 되어 건망증이 심해지거나 엉뚱한 짓을 하기도 하는데 여기에 '노인력이 붙었다'는 역설적 표현을 한 이는 미술가 아카세가와 겐페이赤瀨川原平 씨다. 그에게서 따온 것이 바로 '싱글력'이다.

인간은 사회적·집단적 동물이라고 하지만, 함께 있을 때 기분이 좋은 경우는 기분 좋은 사람들과 같이 있을 때뿐이다. 기분 나쁜 사람과 어쩔 수 없이 함께 있어야 하는 것은 고문에 가까운 일이다. 왕따를 당한 적이 있는 사람이라면 이 기분을 잘 알 수 있으리라.

차라리 홀로 자연 속으로 피난하는 편이 훨씬 낫다. 도시 아이들이라면 책 속으로 도망갈지도 모르겠다. 책 속에서도 자신이 모르는 낯선 이와 만나기도 한다. 책 속의 만남은 시간과 공간을 초월한 인생을 풍요롭게 하는 만남이니 말이다.

싱글력은 성격뿐이 아니라 **생활 습관의 산물**이기도 하다.

주로 중년 남성들이 보는 잡지인 『분게이슌주』가 임시로 간행한 『싱글 매거진』 특집호(2008년 12월호)의 편집장을 했을 당시의 일이다. 현재 싱글들을 대상으로 앙케트 조사를 실시하면서 "혼자 있을 때 무엇을 하십니까?"라는 질문에 이런 답변이 돌아왔다.

"홀로 생활하는 것이 기본이므로 평범한 일상을 보냅니다. 딱히 혼자라고 해서 특별히 하는 것은 없습니다. 이런 우문에는 대답할 가치를 못 느낍니다."

어이쿠, 듣고 보니 과연 맞는 말이네.

자연은 가장 좋은 친구

세상에는 홀로 있는 것이 전혀 불편하지 않고 오히려 싱글 생활을 좋아하는 사람도 있다.

'싱글력'이 있는 사람 중에는 어린 시절을 자연 속에서 보낸 사람이 적지 않다. 산과 들을 마냥 돌아다니거나 하루 종일 시냇가에서 놀거나 하면서. 초등학생 시절 전쟁의 공습을 피해 지방에서 피난 생활을 한 적이 있는 세대에게는 자연 속에서 지내는 게 치유이며, 그때 자신은 홀로 몇 시간을 있어도 질리는 법이 없었다는 사람도 있었다. 자연은 잠시도 가만있지 않는다. 햇볕은 시시각각 기울고 바람의 속삭임도 있다. 벌레들의 움직임도 느낄 수 있고 새들의 지저귐도 잘 들어보면 시끄러울 정도다.

행동하는 작가였던 가이코 다케시開高健 씨에게는 베트남전쟁의 르포르타주가 있다. 미군에 종군하여 숲속을 행군하는 도중 베트콩의 낌새를 알아차리고 병사들이 일제히 나무 그늘에 엎드렸을 때의 일이었다. 언제 어디에서 베트콩에게 저격당할지 모르는 극도의 긴장 상태에서 가이코 씨의 옆에 엎드려 있던 젊은 미군 병사가 갑자기 머리를 일으켜 세우더니 이렇게 중얼거렸다고 한다.

"숲이 왜 이리 시끄러워! Forest is loud!"

그렇지. 행군 소리가 아주 잠잠해진 숲속에서 아열대 새들이 신나서 찍찍거리며 지저귀는 소리가 그의 귀에 선명하게 들려왔기 때문이다. 분명 살아 움직이는 듯 말이다. 유사한 경험을 패잔병으로서 필리핀 열대우림을 방황했던 작가인 오오카 쇼헤이大岡昇平도 이렇게 이야기한다. 고독한 영혼에게는 자연이 최고의 친구다.

싱글 최고의 행복을 누릴 때

내 친구 중에서도 등산은 으레 혼자서 가는 친구가 있다. 어떤 이유에서인지 그런 사람은 대부분 남성이다. '나 홀로 등산'은 위험천만하다. 발목이라도 삐는 날에는 꼼짝도 할 수 없어 어느 누구의 도움도 받을 수 없다. 이따금 나 홀로 등산객끼리 오가며 마주치는 경우도 있으나 잠깐 쉬면서 한두 마디 정도 주고받고는 같은 방향으로 가는 줄 알면서도 결국 따로따로 간다. 나 홀로 등반자는 도중에 나 홀로 등산객들을 만나도 함께 가는 일이 없다. 자신의 페이스를 방해받고 싶지 않은 이유도 없지는 않겠으나 기본적으로 혼자 있는 것을 선호하기 때문이다.

나 같은 사람은 능선의 꽃밭을 지나가다가 혹 내 옆에 누군가가 있으면 "와! 정말 멋지네요. 그렇죠?" 이렇게 말을 주고받으며 즐거워하는 편이다. 누군가와 즐거움을 함께 나누면 그 즐거움은 줄어들기는커녕 배가 되는 법이다.

반면 나 홀로 등산객은 꽃밭에 멈춰 서서는 높은 산에 당차게 피어 있는 꽃들을 그저 마음으로만 절절하게 사랑하고 있는지도 모르겠지만. 그토록 풍요로운 자연이 미움 없이 오로지 자신을 포용해준다는 사실에 감사해하면서 말이다.

싱글 최고의 행복감은 누구에게나 가끔 찾아온다. 외국에 나가 살기 시작하면서 아직 친구들도 없었을 때 새로 얻은 아파트 안뜰에 나무 그림자가 해가 기울면서 천천히 시곗바늘처럼 이동하는 광경을 늦은 오후 꽤 오랫동안 바라본 적이 있다. 누구에게도 방해받고 싶지 않은, 그야말로 더할 나위 없는 행복한 시간이었다.

홀로 있어도 외롭지 않은 장소

싱글 남성 중에는 '있을 만한 곳'이 없는 사람이 많다. 친구도 없고 그렇다고 딱히 갈 곳도 없는 이른바 은둔형 외톨이(히키코모리) 유형의 남성은 나이와 관계없이 적지 않다.

고로 '거처 찾기'는 '자아 찾기'만큼 절실한 문제다. 은둔형 외톨이 유형의 고령자나 청년들에게 안심하고 외출할 수 있는 지역 거처를 제공하고자 하는 움직임이 일고 있다.

그러나 젊은이도 아니고, 그렇다고 10대나 20대 젊은이의 '자아 발견'도 아니고, 50~60대의 '반세기 이상 살아온 인간 베테랑'들은 새삼스레 '자아 찾기' 따위 하고 싶지도 않을뿐더러 마찬가지로 '거처'를 타인이 만들어주지 않아도 될 성싶다.

성인영화 남자 배우로서 인기가 생명이라 여기며 살아왔을 니무라 히토시 씨가 『모든 것은 인기를 위해서』[25]라는 책을 썼다. 인기 없음을 고민하는 남성을 향해 '당신이 왜 인기가 없는지'를 차근차근 설명한 자기계발서처럼 보이지만 자기계발서를 뛰어넘은 인생철학서다. 정말 재미있게 읽어서 그 책의 문고판 『인기를 위한 철학』[26]을 낼 때 해설까지 썼다. 그 책 속에서 이 한 문장을 찾아내기 위해서라도 그의 책 한 권 정도는 읽을 만한 가치가 충분히 있다고 생각되는 명문이 있어 소개하고자 한다.

"거처란 요컨대 홀로 있어도 외롭지 않은 자기만의 공간이다."

감동했다. 여성과도 혹은 남성과도 말 그대로 대충대충이 아닌 온몸을 내던져 교제해온 니무라 씨만이 할 수 있는 발언이다.

반세기 이상을 살아온 인간인데 거처쯤이야 타인의 도움 없이 당연히 자기 스스로 만들어야지. 싱글이라면 그 정도의 기개는 있어야 하지 않을까.

순롓길 '동행 2인'이란?

시코쿠四国 여든여덟 개의 절을 도는 순례자는 종종 '동행 2인'이라 새겨진 지팡이를 짚고 다닌다. 순례자가 입는 흰색 겉옷 등판에 그런 글씨가 씌어 있는 경우도 있다. 그 글자를 처음 보았을 때 나는 '여행에는 길동무가 최고'라는 뜻으로 착각했다. 순롓길에서는 많은 사람과 마주치며, 순례자 숙소가 있으면 접대실도 있기 마련이다. 옷깃만 스쳐도 인연이라 하지 않았던가. 순롓길이 같다면 목적지에 다다를 때까지 동행하고자 하는 마음, 우리가 으레 알고 있는 그런 뜻으로 이해했다. 그러나 나중에 나의 무지를 깨닫고는 창피스러웠다.

'동행 2인'이란 한 순례자의 순렛길에 홍법대사가 동행해 준다는, 예로부터 전해져 내려오는 민간전승에서 나온 말이다. 그 정도로 나 홀로 순례가 불안하고 사람이 그리울 거라고 해석하는 것은 잘못됐다. 홍법대사가 동행하기 때문에 혼자서도 끄떡없으며, 오히려 홍법대사 이외의 길동무를 떳떳하게 여기지 않는다는 경건한 마음가짐으로 해석하는 것이 옳다.

그러고 보니 시코쿠 순렛길을 정처 없이 떠돌아다니는 만행 스님이나 하이쿠 시를 짓는 다네다 산토카種田山頭火 시인은 홀로 있는 모습이 잘 어울린다. 그가 순렛길에 한 집단을 인솔하거나 하는 날에는 그의 신화가 깨져버리고 만다.

그대 뒷모습 가을비 속으로 쓸쓸히 사라져가는가, 산토카여.

산토카는 많은 사람을 뒤로하고 추적추적 내리는 가을비 속으로 홀로 사라져가는 모습이 역시 어울리고 멋지다. 그리고 왜 그런지는 몰라도 산토카 팬은 남성이 압도적으로 많다.

그 또한, 남자는 정말 혼자가 좋아서일까 아니면 혼자 있고 싶지만 그렇게 하지 못하는 자신을 부끄러워하는 마음에서일까. 어느 쪽인지는 잘 모르겠다.

'싱글력' 1급 자격증

생각해보니 싱글 남성의 결정판은 헨리 데이비드 소로의 『월든』[27]이다. 일본판은 가모노 조메이의 『호조키』[28] 양쪽 다 팬은 대부분 남성일 것이다.

마침 자상한 남성에게 말을 건네보자 갑자기 눈물을 글썽거리며 "소로의 『월든』 좋지. 정말 부러워." 하는 것을 본 적이 있다. 자연 속 조그마한 수수한 집에서 누구에게도 방해받지 않고 자급자족의 생활을 하고 싶다는 실현 가능성이 거의 없는 꿈을 품고 있는 남성이 의외로 많다는 사실에 놀랐다.

근대에 들어서면서 유배와 같은 방장方丈 생활에 새로운 신화를 추가한 이는 막부 탐험가인 마쓰우라 다케시로松浦武四郎(1818~1888)이다. 이노 다다타카伊能忠敬(1745~1818)는 유명하지만 마쓰우라는 열혈팬 외에는 알려져 있지 않다. 예전 홋카이도 지역蝦夷地 탐험가로 '홋카이도인'이란 호를 썼다. 홋카이도란 지명은 여기에서 연유했다.

그는 만년에 가서는 각지를 답사하면서 수집한 목재를 모아 다다미 하나 정도의 작은 임시거처를 만들어 거기에 자신을 유폐하듯 지내며 생애를 마감했다. 홋카이도가 메이지 정부 때 침략 대상이 되어가는 안타까운 사실에 망연자실했기 때문에 일종의 자기 처벌 같은 삶을 선택했다는 설도 있으나 정확하진 않다.

사후에는 나뭇조각을 이어 붙여 만든 임시 거처를 불태워달라고 유족에게 유언을 남겼지만, 유족은 그의 유언을 따르지 않고 그 건물을 그대로 보존했다. 현재는 미타카시에 있는 국제기독대학 구내로 옮겨져 보존되고 있다. 마쓰우라 다케시로를 알면 '싱글력' 1급 자격증 정도는 가지고 있는 셈이다. 그렇다면 당신은?

제3장

홀로 —— 살아갈 수 있을까

남성은 자립하고 있는가,
자립의 세 가지 조건

　지금까지 자립의 개념은 경제 자립, 정신 자립, 생활 자립, 이렇게 세 가지 세트로 이루어진다고 여겨져왔다. 여기에 신체 자립을 덧붙이는 경우도 있다. 몸이 생각처럼 따라주는 것과 가사나 살림 능력이 있는 것은 별개의 문제이기 때문이다. 여성이 자립을 원할 때는 이미 정신 자립과 생활 자립을 이룬 경우가 많기 때문에 자립하지 않은 쪽은 대개 남성이었다. 경제 자립은 되어 있을지 몰라도 정신적으로는 아내나 어머니에게 하나부터 열까지 의존하고 집에 돌아와서는 할 수 있는 것이 아무것도 없다. 따라서 생활 자립 면에서 홀로서기가 되어 있지 않은 쪽은 남성이라 할 수 있다.

　그래서인지 몸은 건강해도 생활 자립을 못 한 싱글 남성은 홀로 살아가기 힘들다는 인식이 지배적이었다. 아내를 먼저 떠나보낸 남성을 빗대 '홀아비는 이가 서 말'이라는 말도 있고(아무리 그래도 심한 말이다), '아무래도 불편하시잖아요.'라고 주위에서 재혼을 권하는 것도 다 그런 까닭이다.

그러나 이 또한 상황이 완전히 달라졌다. 아내가 양말까지 신겨주거나, 자기 속옷이 어디에 있는지도 모른다거나, 차 한 잔도 자기가 끓여 먹을 줄 모르는 구세대 남편족은 베이비붐 세대 남성들 사이에서는 (아마도) 찾아볼 수 없다.

이와는 정반대로 속옷과 넥타이는 반드시 자신이 고르는 멋쟁이 남성이나, 커피 내리는 방법에도 자기만의 취향을 지닌 남성, 휴일이면 요리사 아빠를 자청해 가족을 기쁘게 해주는 남성 등이 수두룩하다.

베이비붐 주니어 세대가 되면 **여성에게 인기**를 끌기 위한 조건의 하나로 '**요리 잘하는 남자**' 항목이 들어간다. 여성이라면 동성 친구에게 "내 남자 친구는 요리 실력이 정말 기가 막혀. 특히 파스타를 어찌나 맛나게 잘 만드는지. 언제 한번 먹으러 와봐." 이렇게 자랑을 할 정도다.

엄마에서 아내로 이어지는 속옷의 역사

오래전 『스커트 밑의 극장』[29]이라는 책에서 속옷의 역사를 쓴 적이 있는 나로서는 **속옷** 선택이나 관리를 **아내에게**

맡겨버리는 남성의 마음을 통 알 수가 없다. 자기 불알 관리권을 아내에게 내줘 **휘어잡혀 사는 것과 뭐가 다른지**.

당시 인터뷰한 조사를 보면 사내아이가 엄마한테서 제일 처음 받는 물건이 하얀 브리프(삼각팬티). 이윽고 사춘기가 되어 친구들 앞에서 옷을 갈아입는 시기가 되면 브리프는 창피한 생각에 무늬 있는 트렁크(사각팬티)로 취향이 바뀐다. 결혼하고 속옷 관리를 아내가 하게 되면 다시 브리프로 되돌아오는 사람도 있다. 그런데 어머니나 아내들은 왜들 그리 하얀 브리프를 좋아하는 걸까? 남편이 자기 팬티를 스스로 고르기 시작한다면 수상하게 생각해 주목할 필요가 있다.

식생활도 마찬가지다. 예전에는 '남자는 자고로 부엌에 발을 들여놓아서는 안 된다'는 생각이 지배적이었을 뿐 아니라, 남자가 음식 맛에 대해 가타부타 하는 것은 체통과 관계되는 문제였다. 아내의 요리가 맛이 있든 없든 입 다물고 먹는다. 오히려 일본 남성은 맛있으면 잠자코 먹고 맛없으면 한마디씩 불평을 하는 등 손톱만큼도 애교가 없었지만, 미식가 붐이 인 이후 음식에 일가견이 있는 것도 남성의 교양 중 하나가 되었다. 그야말로 평화로운 시대다.

가사 능력은 있는지?

그뿐 아니라 남성 혼자 사는 1인 가구 자체가 늘었다. 기혼 남성들도 홀로 근무지에서 살아본 경험이 있는 비율이 높다. 지방 근무 발령이 떨어지면 처자식을 남기고 혼자 외지에서 근무하는 것을 당연하게 여기는 풍조마저 생겼다. 고학력 부부는 자녀 교육을 우선순위로 두기 때문이다. 한국에서는 교육열이 높은 극성 엄마들이 자녀의 해외 유학까지 동행하고 아버지는 고국에 남아 부지런히 일하며 학비와 생활비를 송금하는, 이른바 '기러기 아빠'도 있다.

사별 싱글족은 아내에게 의존해온 과거가 있는 탓에 가사 능력이 떨어진다고 생각하기 쉬우나 알고 보면 그렇지만도 않다. 아내가 세상을 떠나기 전까지 **아내를 간병하면서** 나름대로 **가사 능력이나 간병 능력이 몸에 밴** 사람도 많다.

그보다 아래 세대인 이혼 싱글은 재혼 가능성이 낮을뿐더러 혼자 살아온 세월이 장기화되고 있다. 이혼 후 부메랑처럼 본가로 돌아오는 경우에는 어머니란 이름의 '주부'가 있지만, 어머니가 고령이 되면 가사나 간병에 대한 부담이 다가오기 시작한다.

조금 더 아래 세대인 비혼 싱글 쪽이 혼자 살아본 경험이 더 적을지도 모른다. 2000년의 자료를 보면 싱글이 부모에게 의존하는 비율은 20대 남성 82%, 30대 79%, 20대 여성 88%, 30대 65%였다.[30] 이 수치가 계속 높아질 가능성도 있다.

주변 정리를 못하는 여성이 화제를 불러 모으고 있지만, 깔끔한 걸 좋아하고 정돈을 잘하는 남성 또한 있다. 그들은 여성 못지않게 잘 정리된 원룸에 살기도 한다. **언제든 여자 친구를 집에 부를 수 있다**는 점도 **싱글 남성이 가진 즐거움** 중 하나. 청결한 시트나 머리카락 한 올 떨어져 있지 않은 세면대 등은 최소한의 매너다. 특히 머리카락 쓰레기에는 주의가 필요하다. 내가 아는 사람 한 명은 남자 친구 방을 청소기로 돌려주려다가 본 적 없는 긴 머리카락이 청소기 필터에 꽉 차 있는 것을 보고는 그와 헤어졌다.

새로운 밥줄 구하기
프로젝트

고령자의 자립도를 측정하는 척도 중 하나로 ADL(Activities of Daily Living. 일상생활 활동) 자립이라는 지표가 있다. 식사, 옷 갈아입기, 이동, 배설, 목욕 등 통상적인 생활을 하기 위해 필요한 신체 능력을 측정하는 척도를 말한다. 그중에서도 사람이 생활하는 데 기본이 되는 것이 먹고 배설하는 것이다. 이 두 가지를 타인의 도움 없이 해낼 수 있다면 그럭저럭 혼자서도 살아갈 수 있다.

ADL 자립이 가능해도 남성이 혼자서 살아가기 힘들다고 생각되는 이유는 누가 차려준 밥을 먹는 것은 가능해도 자기 스스로 밥상을 차리는 것이 불가능하기 때문이다. 주위를 보더라도 식생활 자립이라도 가능하다면 혼자서도 계속 살 수 있을 텐데…… 하는 케이스가 많다.

남성에 국한된 이야기가 아니다. 점점 더 나이를 먹게 되면 주방에 들어가기도 귀찮아지고 장을 보러 갈 수도 없게 된다. 그런 경우 집으로 식사를 배달해주는 배식 서비스라도 있다면 남자건 여자건 상당 기간 혼자서도 자택에서 버틸 수 있다. 식생활 라이프라인만 유지할 수 있어도 1인 가구 생활을 단념할 필요가 없다.

편의점은 싱글족의 든든한 아군

싱글 남성의 생활에 힘을 보태주는 것은 사실 식생활 지원이다. 이럴 때 든든한 아군이 바로 편의점이다. 편의점은 일본의 음식 세계에서 외식·내식 외에도 중식中食이라는 새로운 시장을 탄생시켰다. 중식이란 이미 조리된 반찬이나 음식을 사서 집에 가져와 먹는 것을 의미한다.

이전까지는 남편이 있는 여성이 외출할 때는 냉장고에 남편이 먹을 식사를 준비해두고 나가는 것이 일종의 관례였다. 밖에서 하루 묵을 예정이라면 세 끼분, 2박이면 다섯 끼분. 이런 준비가 부담스러워 외출하기가 꺼려진다는 여성도 있었다.

개중에는 냉장고에서 꺼내 전자레인지에 돌리기만 하면 되게끔 다 만들어놓고 나갔건만, 어두워질 때까지 계속 기다리고 있다가 아내가 돌아오면 "여보, 대체 어떻게 먹으라는 거야." 하며 불평하는 남편의 에피소드도 있다. 남편과 아이를 두고 사흘 정도 집을 비웠더니 사흘 내내 아이를 데리고 외식했다는 케이스도 있다.

더 심한 예로는, 감기에 걸려 자고 있는 아내의 머리맡에 대고 "밥걱정은 하지 마. 나는 밖에서 먹고 올게."라고 말했다는 남편의 이야기도 있다. "그럼 내 밥은 어쩌라는 거야!" 자고 있던 아내는 이렇게 말하고 싶었으리라. 이런 남편도 아내에게 이혼당하지 않고 살아온 것이 지금까지의 일본 남성이었다.

싱글 남성의 생활이 그 정도까지 비참하게 되지 않은 것도, 또한 '불편'을 이유로 '구혼 활동'을 고려하지 않아도 된 것도 다 편의점과 중식 덕분이다. 편의점 도시락은 전자레인지에 돌리기만 하면 바로 먹을 수 있고, 그럭저럭 균형 잡힌 영양도 고려되어 있다. 슈퍼에는 레토르트 식품이 넘쳐나고, 이미 조리된 반찬이나 갓 지은 즉석밥도 있다. 싱글 남성의 생활이 가능해진 이유는 남성에게 가사 능력이 생겼기 때문이 아니다. 가사 능력 없이도 살 수 있는 도시 인프라가 정비되었기 때문이다.

물론 이와 같은 도시 인프라에서 큰 혜택을 받고 있는

이는 싱글 남성만이 아니다. 가사 능력이 현저히 떨어진 오늘날의 싱글 여성도 편의점의 단골손님이다. 가사 능력이 없어도, 커뮤니케이션 능력이 없어도, 묵묵히 계산대로 가져가면 살 수 있는 **편의점** 도시락은 바야흐로 **싱글의 라이프라인**이다.

배식 서비스 이용하기

편의점 도시락 시장에는 혼자 사는 젊은이뿐 아니라 홀로 사는 고령자 또한 많다는 점을 편의점 업계는 이미 눈치채고 있다. 아무와도 말을 섞지는 않지만 하루에 한 번, 편의점에 도시락을 사러 나가는 것을 사는 낙으로 삼는 고령자도 있다. 이 점을 감안해 가게 안에 의자와 테이블을 마련하고, 그 자리에서 중식을 전자레인지에 돌려 먹을 수 있는 코너를 설치한 곳도 있다. 심야에 불이 반짝반짝 환하게 비추는 편의점 구석에서 집에 들어가기 싫어하는 여고생과, 무료한 고령의 남성이 유리창에 비친 서로의 얼굴을 멍하니 바라보기도 한다.

도시락을 직접 사러 나가느냐 배달을 시키느냐는 종이 한 장 차이에 지나지 않는다. 홀로 사는 고령자가 늘고부터는 **지방자치단체나 NPO** 등에서 고령자를 대상으로 한 **배**

식 서비스를 실시하게 되었다. 이 서비스는 정부에서 보조금도 나오는 경우가 많아, 값도 쌀 뿐 아니라 영양 균형도 신경을 쓴다. 이 역시 대부분은 단신 고령자가 대상이다. 가족이 함께 살고 있는 경우에는 대상에서 제외된다. 그러니 차라리 세대 분리를 해서 혼자가 되는 편이 유리할지도 모른다.

먹거리 확보는 생명줄이다. 그러나 식생활은 1년 365일. 행정이나 NPO의 배식 서비스는 현재 365일 내내 지원되지 않는다. 부족한 부분은 편의점에서 때우면 된다. 최근에는 배달해주는 편의점이나 도시락 가게도 생겨났다.

편의점과 더불어 막강한 경쟁력을 발휘하는 것이 생협(생활협동조합)일 것이다. 생협은 줄곧 택배 서비스로 명맥을 유지해온 업종이다. 조합원 여성의 일자리가 늘어나면서 그룹 택배가 개별 택배가 되었고, 이윽고 점포 판매를 시작했다. 그러나 이번에는 점포 유지가 부담이 되어 다시금 택배를 중시하는 경향이 생겨났다.

전근대 마케팅이라고 하면 행상을 떠올린다. 행상과 반대로 고정 점포에서 판매하는 일을 식물형 마케팅(그 땅에 뿌리를 내리고 이동하지 않으므로)이라고 한다. 이쪽의 역사가 훨씬 짧다. 그렇다면 생협 같은 무점포 택배는 오히려 최첨

단이 될지도 모른다. 게다가 지역의 실태를 빈틈없이 파악하고 복지 서비스 사업과 함께 식생활 라이프라인을 확보하는 사업은 장래성이 있다.

물론 무점포 택배 사업에는 전국구를 상대로 하는 업자도 있다. 그러나 식생활은 '익숙한 요인'이 크게 작용하므로 보수적이고 지역성이 강하다. 인스턴트 라면 메이커조차도 서일본과 동일본에서 맛을 내는 법이 각기 다르다고 한다. 먹거리 택배는 지역 밀착형 택배 서비스가 우위를 점하리라 본다.

진화하는 맞춤형 메뉴

편의점 도시락은 튀김이나 육류가 많다며 영양 밸런스를 우려하는 목소리도 있다. 그러나 나는 가까운 장래에 중식 업계에 두 가지 엄청난 혁명이 일어나리라 예상하고 있다.

첫 번째, 고령자 맞춤형 메뉴가 확대되고 다양해질 것이다. 당뇨식이나 저염식, 재료를 잘게 썰어 만든 음식이나 걸쭉하게 만든 음식 등이다.

두 번째, 점포 판매에서 배송으로 유통이 이동할 것이다. 남녀를 불문하고 독거 고령자 시장은 확대되고 있다. 이미 냉동식품 업계에서는 택배 비즈니스가 등장했으나 미국과 달리 일본에서는 가정마다 큰 냉장고를 갖추고 전자레인지로 데워 먹는 식의 텔레비전 디너(한 접시에 1인분의 주식과 반찬이 담긴 냉동식품. 텔레비전을 보면서 전자레인지에 돌려 간편하게 먹을 수 있기 때문에 이렇게 부른다―옮긴이)를 먹는 식습관이 아직은 없다.

유통망이 빈틈없이 구성되어 있고 생식生食에 높은 가치를 두는 일본의 식문화 기반을 생각하면 냉동식의 보급보다는 전국 60%에 이르는 지역에서 자택 500미터 이내에 한 곳은 있다고 하는 편의점 업계의 배송 서비스가 마케팅 면에서 더 성공할 듯하다.

뭐라고? 하루 세 끼를 편의점 도시락으로 다 때우다니 참 따분하다고?

그렇지는 않다. 시설에 들어가도 그쪽에서 적당히 정한 급식을 먹어야 하는 것은 마찬가지다. 유료 요양원이라도 일단 들어가고 나면 음식에 대해 왈가왈부하기 어렵다. 그래도 편의점 도시락은 선택의 여지가 있다.

게다가 편의점 메뉴는 계속 진화하고 있다! 계절상품이나 그때그때 취향을 고려한 상품을 매일매일 새로 개발하는 기업의 노력은 참으로 대단하다. 고령자 중식 시장이 커지면 기업의 노력은 고령자 쪽으로도 눈을 돌리리라.

편의점 제2세대 탄생

세 끼 식사를 외식으로 해결하는 식문화는 그리 특이한 일이 아니다. 아시아권 나라 중에는 아침밥부터 시장 노점상에서 사 먹고 출근하는 습관이 있는 나라도 있다. 가사 노동에서 제일 먼저 상품화한 것이 조리. 정기적으로 서는 시장에서 조리된 식품이 상품으로 나온 역사는 길다. 가족을 위해 손수 만든 식사를 집에서 먹는 습관이 오히려 역사가 짧다고 생각해도 무방할지 모르겠다.

이와무라 노부코 씨가 쓴 '먹거리 붕괴' 3부작 『변하는 가족, 변하는 식탁』[31]『현대 가족의 탄생』[32]『보통 가족이 제일 무섭다』[33]를 읽으면 이미 '편의점 2세대'가 성장하고 있다는 점을 알 수 있다. 즉 편의점 도시락을 먹으며 성장한 세대가 부모가 되어 자신의 아이도 똑같이 키우는 제 2라운드가 시작된 것이다.

이와무라 노부코 씨가 든 사례에는 이런 이야기가 있다. 매일 밤늦게 귀가하는 남편이 역에서 집으로 향하는 도중에 편의점에 들러 신제품을 체크하지 않고는 견딜 수 없다. 먹고 싶은 것이 있으면 아내가 식사를 준비하는 것을 알면서도 사 가지고 돌아온다. 싱글 시절의 식습관이 결혼해도 사라지지 않기 때문이다.

이런 예도 있었다. 4인 가족 취향이 모두 제각각이고 서로 양보를 하지 않아 아예 조리된 반찬을 사 가지고 와 각자가 좋아하는 음식을 식탁에 쫙 펼쳐놓고 뷔페식으로 자유롭게 먹는다고 한다. 누가 뭘 먹든지 아무도 개의치 않는다. 식탁은 공유하고 있을지는 몰라도 이래서는 거의 혼자 먹는 거나 다를 바 없지 않은가.

얼마 전까지만 해도 한솥밥을 가족 모두가 한 식탁에서 먹었다. 그러다가 얼마 지나서부터는 한솥밥을 가족 각자가 출근 시간에 맞춰 따로따로 먹게 되었다. 중식 시대에 들어서는 '한솥밥'을 먹는 이유가 완전히 사라졌다. 가족을 '함께 밥을 먹는 공동체'라고 부르기도 하지만, 각자 다른 음식을 먹고 있어도 식탁에 함께 둘러앉으면 그것으로 족하다는 의견도 있다.

야나기다 구니오柳田国男는 '작은 냄비 요리'를 가족 붕괴의 신호로 꼽았다. '나 홀로 식사'도 그 지표 중 하나다. 작은 냄비 요리란 작은 냄비를 화로 등에 올려놓고 소수 인원 혹은 혼자서 요리를 하는 것이다. 야나기다가 『메이지 다이쇼 역사 세태 편明治大正史 世相篇』에서 이 현상을 논한 1930년대에 이미 '나 홀로 식사'가 시작되고 있었다. 가족이 식문화를 짊어지던 시대는 예전에 끝났는지도 모르겠다.

돈 부자보다는
사람 부자

돈만 있다면 뭐든지 다 살 수 있는 것은 아니라고 이미 몇 번이나 강조했다. 그렇다면 돈이 아니라 무엇이 안심의 밑바탕이 되는가?

돈 부자보다는 사람 부자라는 말은 『싱글의 노후』를 쓴 후 평론가인 요시타케 데루코吉武輝子 씨가 서평에 써준 말이다. 조사해보니 저널리스트 가나모리 도시에 씨의 저서 중에 『돈 부자보다 사람 부자·친구 부자』[34]가 있다. 여기서 물론 '사람 부자'란 가족 이외의 다양한 인맥을 뜻한다.

사람 부자라고 하면 금세 '가족이 많은 사람'을 떠올리기 쉽다. '가족이 많은 사람'에서 **'가족'을 빼면 어떻게 될까?** 아무것도 남지 않는다면 **'사람 부자'**라고는 부르지 않는다.

싱글이 '가족 부자'는 아니어도 '사람 부자'는 될 수 있다.

사람 부자가 되기 위한 방법에 대해 한번 따져보자.

다시 부부의 연을 맺을 수 있을지

앞으로는 남성도 싱글이 될 가능성이 높다. 재혼해서 다시 부부가 될 확률은 낮고 자의든 타의든 남성 싱글로 살아갈 사람들이 늘어날 것으로 보인다. 매사가 뜻대로 되지 않는 것을 한탄하며 세상에 등을 돌리고 고립되어 살기보다는 어차피 죽기 전까지 남아 있는 시간이라면 즐기며 보내고 싶다.

사별이든 이혼이든 상관없이 싱글이 되었다면 더 이상 새로운 짝을 찾는 일은 생각하지 않는 편이 좋다. 부부가 된다는 것은 남녀가 서로 관계를 맺어 임신을 하고 아이를 낳고 가족을 만들기 위함이다. 임신이 가능하다면 또 모를까, 고령이 된 싱글이 이제 와서 새삼 가정을 꾸릴 필요는 없다. 상대 여성 또한 대부분 '이미 시들어버린' 사람들뿐.

뭐라고? 그렇지 않다고?

물론 고령이라도 아직 가임 연령대인 여성과 재혼해 아이를 낳았다는 사람도 있다. 해외로 눈을 돌리면 73세에 아이를 낳은 채플린, 일본에서는 71세에 아이를 낳은 배우 우에하라 겐上原謙이 유명하다. 그러나 그 아이가 성인이 될 무렵 당사자인 아버지는 대체 몇 살이 되어 있을꼬?

재혼이라는 충격요법의 결과는?

60대에 자식 둘 딸린 외국인 여성과 재혼한 남성이 있다.

데려온 두 딸 모두 사춘기라 예민한 나이였다. 재혼하자마자 연하인 아내와의 사이에서 세 번째 딸이 태어났다. 한창 성장할 나이인 아이 셋과 육아 중인 아내로부터 불거진 변화의 여파로 지금까지 평온했던 독신 생활이 성난 파도 같은 생활로 급변해버렸다. 그 아내가 내 오랜 지인이다.

어느 날 지인인 아내가 자리를 비운 틈을 타 재혼한 남편에게 물어보았다.

"늘그막에 용케도 가족생활을 보듬어 안을 생각을 하셨네요. 참 대단하십니다."

"그냥 앉아서 죽음을 기다리는 것보다는 낫잖아요?"

남편의 대답이었다.

확실히 그의 생활은 생기가 넘쳐흘렀다. 오히려 지나칠 정도였다. 아내는 말할 것도 없고 아이들도 살아 있는 생물을 정말 좋아해서 관엽식물로 실내를 가득 채우고 동물도 길렀다. 그의 생활 리듬은 엉망진창이 되고 생활은 아내와 딸들에게 잠식당해 타국에서 온 딸들의 심신과 교육에 대한 걱정이 끊일 날이 없었다. 매일 별것 아닌 일들로 아내와 말싸움을 하자니 마음이 평안할 날이 없었다.

그러나 예술가였던 그의 작품은 재혼 후 몰라볼 정도로 색채감도 풍부해지고 무엇보다도 생명력이 넘쳐흘렀다. 그가 다시 부활한 것이다.

다만 이런 에너지와 기회비용이 드는 충격요법을 모든 사람에게 권할 수는 없다. 이 남성은 '육식계' 부류에 속해 있었다.

내가 재혼을 권하지 않는 이유

비혼 싱글 남성도 이제 와 새삼 배필을 만나 가정을 꾸릴 생각은 하지 않는 것이 좋다. 아시아권에서 들여온 수입 신부 중에는 40대나 50대 비혼 싱글과 결혼하는 여성도 있지만 이래서야 노후를 위한 간병 요원 내지는 대를 잇기 위한 '애 낳는 기계'에 불과한 것 아닌가. 한때 국제결혼을 권장했던 지방자치단체에서도 그 후 이혼이나 DV(Domestic Violence의 약어로, 남편이 아내에게 휘두르는 가정폭력을 말한다―옮긴이), 실종 같은 문제가 속출하면서 사업을 자제하게 되었다.

곰곰 따져보면 이런 싱글 남성 또한 소위 말하는 '가족'

의 희생자다. 비혼 싱글 중에는 흔히 지방 거주·장남·가업 후계자라는 '삼중고'를 짊어진 남성이 상당수 포함되어 있다는 점에서 〈남자는 괴로워〉라는 영화 제목 그대로 괴롭다고 해야 할 판이다.

내가 재혼을 권하지 않는 까닭은 현실적으로 가능성이 낮기 때문만이 아니라 결혼이라는 형태를 띠게 되면 여성과의 관계가 고정되고 편협해지기 때문이다.

배필이란 말 그대로 둘이서 한 세트가 되는 것이다. 커플이 되고 나면 제3자가 참견할 수 없다. 게다가 무엇보다 불편한 것은 짝이 정해지면 다른 이성들과는 관계 맺기가 어려워진다는 점이다.

친구는 얼마든지 많을수록 좋다. 새 친구가 생기면 일일이 오랜 친구에게 도움을 구할 필요도 없고, 새 친구를 오랜 친구에게 소개해 서로 친구가 된다면 더할 나위 없이 기쁜 일이다. 그런데 그 친구가 이성일 경우는 어째서 그렇게 잘되지 않는지 알다가도 모르겠다. 새로 생긴 여자 친구를 오래전부터 알던 여성에게 소개했는데 서로 잘 지낸다고 한다면…… 어쩌면 하렘을 원하는 남성의 꿈이었는지도 모르겠으나 만약 그렇다면 반대 입장도 감수해야만 한다.

애당초 '당신뿐'이라는 독점 계약을 맺지 않는 편이 현명하다. 결혼을 경험한 사람이라면 이미 한 번쯤은 그런 식의 배타적 부부 관계를 맺은 적이 있다. **단 한 사람에게 목숨을 걸었던** 대가에 따른 **상실감의 깊이**도 맛보았을 터이다. 이미 돌이킬 수 없는 관계를 맺었다면 저세상에서 자신을 기다리고 있는 이는 오로지 사별한 배우자 한 사람뿐이라 미리 작정해두는 편이 마음 편할 듯싶다.

단짝 친구도 머지않아 세상을 떠나고

노후 싱글에게 버팀목이 돼주는 것은 '이 한 사람의 목숨'이라는 운명적인 관계보다는 일상생활을 풍부하게 해주는 느슨한 친구 관계이다. 그렇게 생각하고 있자니 패션 디자이너인 하나이 유키코 씨의 『즐거운 과부 일기』[35]에 "둘도 없는 친구보다는 그냥 아는 사이인 열 명의 친구"라는 대목이 있다.

그냥 아는 사이란 '관계가 덤덤하기 때문에 오히려 오래도록 관계가 지속되는 경우 또한 드물지 않다'는 뜻으로 하나이 씨가 쓰는 용어로, '깊은 사이는 아니지만 **덤덤하게 관계를 이어가는 친구**'를 뜻하는 말이다.

"한 명의 절친한 친구보다 그냥 아는 사이인 열 명의 친구가 낫죠. 『달려라 메로스』 같은 소울메이트가 없다고 해서 한탄할 일은 아니에요."

생각해보면 소울메이트라도 언젠가는 먼저 세상을 뜬다. 그 친구를 먼저 보냈다고 해서 누군가가 그 사람의 대역이 되어줄 리도 만무다. 가족뿐 아니라 어느 누구와의 관계라도 그 자리를 대신할 수 없다는 점에서 '더없이 소중한' 사람이다. 더할 나위 없이 소중한 관계란 그 사람의 죽음으로 인해 그 사람과의 기억을 죄다 저세상에 빼앗기고 마는 것이다. 기억의 빈자리를 채울 수 있는 것은 아무것도 없다.

새로운 관계에는 새로운 자신을 보태기만 해야지, 새로 사귄 친구에게 예전 친구와 공유했던 경험과 똑같은 것을 기대해봤자 무리이며, 똑같은 이해를 구해도 소용없는 일이다. 가족이나 친구의 죽음과 동시에 저세상으로 사라진 기억에 대해서는 침묵하는 수밖에 없다. 그나마 함께 지냈던 친구들과 추억담을 늘어놓는 것으로 위로가 되는 정도다. 그렇다면 역시 친구는 많을수록 좋다.

'그냥 아는 사이' 네트워크 만들기

그냥 아는 사이에게는 내면의 갈등이나 무덤까지 갖고 갈 만한 고백 같은 것은 하지 않아도 된다.

종종 식사나 술자리를 함께하는 친구에게 사상이나 신

조에 대한 논쟁은 하지 않는 편이 좋으며, 화기애애하게 시간을 보내고 싶은 상대에게 지적 자극을 요구하는 것은 번지수가 틀린 행동이다. 뭐든지 다 알려고 하는 학구파는 피곤하기 때문에 만나는 것은 적당히 해두자. 앓는 소리를 하는 상대와는 가끔씩만 만나는 것이 좋다. 자신도 모르는 사이에 불평불만을 늘어놓게 되는데, 나중에서야 불만투성이 인간이 된 스스로에게 크게 낙담하는 경우도 있기 때문이다.

무릇 친구에게는 지적 자극과 마음의 평화, 절차탁마와 포용력의 양면을 동시에 바라지 않는 법이다. 사상과 신조는 같더라도 함께 밥을 먹고 싶지 않은 상대도 있고, 서로 속속들이 아는 술친구라도 여차할 때 도움이 되지 못하는 친구도 있다.

내면의 공유 같은 것 없어도 관계가 이어질 수 있는 그냥 아는 사이. **하루하루 기분 좋게** 살아갈 수 있도록 **버팀목이 되어주는 동료들**이 있다면 그것으로 충분하지 않은가.

싱글 여성들에게는 이런 그냥 아는 사이 네트워크가 있는 사람이 많다. 애초에 싱글 여성은 불안함이 있기 때문에 더더욱 그냥 아는 사이 네트워크를 자각적·의식적으로 노력해서 구축해왔다. 싱글 남성에게 그런 네트워크가 없다면

노력 부족이라고 말하고 싶다. 혹은 없어도 그만이라는 교만함 때문에 노력을 하지 않았든가. 기력이 쇠약해진 것을 절절히 느끼고 나면 이미 때는 늦은 것이다.

친구는
인간관계의 상급편

오랜 친구인 후카사와 마키 씨가 『나를 괴롭히지 않는 인간관계 유지술』[36]이라는 책을 냈다. 닛케이 비즈니스 온라인 웹사이트에 연재했던 칼럼을 모은 책인데 남성 독자가 많았다고 한다. 후카사와 씨 본인도 경영인이다. '혈중 아저씨 농도'가 높다고 자인하는 만큼 아저씨족의 공감을 불러일으켰을 것이다.

규모는 작아도 한 기업을 경영하는 어엿한 오너라면, 게다가 이 불황기를 극복해온 경영인이라면 고생은 여느 아저씨들과 다를 바 없다. 이 책의 서평 대담 모임으로 오랜만에 재회했는데 '아아, 당신도 고생 끝에 어엿한 전문가가 되었군요'라며 오랜 여행에서 장성해 돌아온 누이동생뻘 대하는 듯한 느낌이었다.

그 책 내용 중에 '친구는 인간관계의 상급편'이라는 항목에 눈길이 갔다. 이 점을 지적하니 후카사와 씨는 장난기어린 표정으로 생각대로 사냥감이 먹잇감에 걸렸다는 듯한표정을 지었다.

그 항목은 내 책을 보고 쓴 것이라고 한다. '돈 부자보다사람 부자'라고 했죠? 당신은 친구가 많으니까 그렇겠지요.하지만 친구 사귀기가 아무나 다 쉽게 잘되는 건 아니라고요, 하며 도전적인 기분으로 썼다는 것이다.

과연 지당하신 말씀이다. 솔직히 말해 친구를 사귄다는것은 가족을 만드는 것보다 더 어려울지도 모른다는 생각이다. 왜냐하면 가족에게는 역할이나 정해진 틀이 있지만친구에게는 그런 것이 하나도 없기 때문이다.

사랑 없이도 '가족'은 가능하다

가족에게는 남편다움, 아내다움, 부모다움, 자식다움이있기 때문에 '누구답게' 행동하기만 하면 가족처럼 보인다.그렇기 때문에 오히려 '가족을 연기'한다느니 '가족 게임'을한다느니 하는 표현이 있을 정도다.

누군가와 '사귀고 싶다'고 마음먹으면 '애인답게' 행동하면 된다. 데이트 장소를 고르고 매뉴얼대로 행동하면 누구의 눈에도 연인 사이로 보일 뿐 아니라 무엇보다 자신들 스스로가 '연인 기분'에 젖어들 수 있다.

'매뉴얼 딸린 연애'라니 어이없어 하는 사람도 있지만 실은 이게 사랑이 아닐까? 하고 느끼는 것들은 실제로 자신이 체험하기 전에 이미 소설이나 드라마에서 '사랑이란 이러이러한 것'이라 예행연습 해놓은 것들이다. 인간은 이처럼 인생을 픽션 속에서 예습하기 때문에 그것을 참조하면서 '이게 분명 사랑일 거야'라든지, '가족이란 바로 이런 거구나' 하면서 하나하나 확인해가는 것이다.

일단 모델을 알고 있기 때문에 현실의 가족을 비교해보며 '우리 남편은 어째 좀 이상하지 않은가' 하는 생각도 들고, '엄마답게 행동 좀 하시지 그래요'라는 주문도 나온다.

'누구다움'의 도가 지나치면 '로봇'이 된다고 말한 이는 AC(Adult Children의 약어. 알코올의존증 등의 증세가 있는 부모로부터 정신적·육체적 학대를 받고 자란 탓에 심리적 외상이 있는 아이를 말한다—옮긴이) 붐을 일으킨 정신과 의사 사이토 사토루 씨[37]이다. '아버지 로봇', '어머니 로봇', '아이 로봇'이 모여 가족을 이루면 그중에서 마음이 여린 아이가 가장 먼저 망가진다. 사람은 로봇이 아니기 때문이다.

사이토 씨의 지적엔 역설적 진리가 있다. 마음이 없어도 로봇처럼 행동하기만 하면 일단 '가족'의 체제는 유지된다는 점이다. 애정 없이도 섹스할 수 있고, 사랑 없이도 아이는 가질 수 있다. 유감스럽지만 이것이 현실이라는 것쯤은 누구라도 알고 있는 사실이다.

친구와 지인을 구별짓기

그러나 친구는 그렇지 않다. 과연 '친구다움'이란 어떤 것인지 상상이 가는가. 어떻게 행동해야 '친구다운'지 이해가 되는가.

"늘 같이 다녔던 그 사람, 당신 친구가 아니었어?" 하고 묻는다면 "아이고, 말 마세요."라는 대답이 돌아오는 경우도 있고, "늘 함께 다녔던 것처럼 보이기는 해도 실은 심각한 따돌림을 당했답니다." 하는 경우까지 있다.

'과연 진정한 친구란 무엇일까'에 대해 생각하기 시작하면 미로에 빠지고 만다.

정의할 수 없는 것은 정의하지 않아도 된다.

다행스럽게도 부부나 연인과 달리 친구는 서로 친구 계약 같은 것을 맺지 않아도 되고, 계약 위반으로 비난받을 일도 없다.

후지사와 씨는 '친구'와 '지인'을 그럴싸하게 구별 지어놓고, 특정인을 '친구'에서 '지인'으로 마음대로 격하하거나 반대로 '지인'을 '친구'로 격상시키기도 한다고 한다. 그런 것을 일일이 상대에게 보고할 필요는 없다. '친구인데……' 하며 혼자 괴로워하느니 '이제 친구라기보다는 지인이다' 이렇게 마음속으로 다른 그릇에 옮겨 담는 편이 차라리 정신 건강에 훨씬 좋다.

늘 함께해 기분이 좋은 상대, 자주 만나고 싶은 상대, 가끔 만나고 싶은 상대, 어쩌다 만나고 싶은 상대, 내가 어려울 때 도와주었으면 하는 상대, 내가 도와주고 싶은 상대, 마음이 가는 상대, 내게 마음을 써주는 상대…… 이렇듯 **다양한 상대가 내 주위를 둘러싸고 있으면** 얼마나 감사한 노릇인가. 이를 **안전망**safety-net이라고도 한다.

죽이 잘 맞는 친구를 찾고 싶다면?

친구 네트워크를 만들기 위해서는 '한 명씩 추가하는 방법'도 있지만 좀 더 효율적인 방법이 있다. 내가 선택해 기존의 모임에 들어가는 것이다.

2장에서도 다루었지만 선택연이란 글자 그대로 내가 선택할 수 있는 인연이다. 교양, 취미, 사상, 신조, 라이프 스타일, 학력이나 경제 수준 등으로 미리 선별되어 있기 때문에 타율이 높다. 엄선한 그룹 안에서 마음이 맞는 상대를 찾으면 된다. 라이프 스타일이나 경제적 수준이 비슷한 것도 중요하다. 상대의 호주머니 사정을 생각해서 가고 싶은 곳에 마음 편히 가자고 할 수 없어도 곤란하고, 자신이 한턱내는 일도 거듭되다 보면 관계가 이어지기 쉽지 않다.

게다가 어떤 공통의 목표를 가지고 활동하는 모임이라면 단순히 즐거움을 위한 모임과는 달리 그 사람의 책임감과 성실함, 일하는 모습이나 대인 관계를 잘 관찰할 수 있다. 사내 연애가 많은 이유는 일하는 모습을 관찰하다 보면 사람 됨됨이를 잘 알 수 있기 때문이다.

단, 선택연이 회사에서 맺어진 인연社緣과 다른 점은 상하 관계가 없다는 점이다. 지위나 수입을 떠나 관계를 맺기 때문에 몸을 사리지 않는 사람의 됨됨이나 겸손함 등이 잘 보인다.

여자들 모임에 남자 혼자 참가할 때

선택연은 여성들 사이에서 선행하고 있기 때문에 여자들 인연女緣이라 부르게 되었다. 여자들 인연을 조사할 때 '여자들 인연'이 장래 '남녀 혼성 인연'으로 발전될 수 있을지 어떨지 예측해보았다.

여자들 인연이 남녀 혼성 인연으로 발전되기 위한 절차로는 두 가지 시나리오가 있다. 첫 번째는 여자들 인연의 모임에 파트너인 남편들이 가입하는 것으로 커플 참가가 되는 경우이고, 두 번째는 여자들 인연의 모임에 남성이 개별적으로 참가하는 경우다.

아무래도 일본에서 첫 번째 시나리오는 실현 가능성이 희박한 것만은 분명해 보인다. 커플 모임이 되면 남편이 됐든 아내가 됐든 먼저 배우자를 잃고 싱글이 된 멤버를 모임에 참가하라고 권하기 난처해진다. 홀로 남은 싱글에게 새 파트너가 생기기라도 하면 본인도 겸연쩍어서 참가하기가 좀 그렇다. 커플 단위로 모임에 참가하던 두 사람이 이혼이라도 하는 날에는 갈라선 두 사람 중 어느 쪽을 불러야 하는지 그런 문제로 역시 곤란한 건 마찬가지다.

함께 어울리던 친구 커플이 이혼했다. 두 사람 모두와 사이가 좋았기 때문에 식사나 술자리, 혹은 파티에 누구를 초대해야 좋을지 난처했다. 한쪽을 초대하면 다른 쪽을 초대할 수 없기 때문에 신경이 쓰인다. 그 와중에 모임의 한 멤버가 헤어진 남편의 새 애인이 되었다. 일이 이렇게 되고 보니 이번에는 또 그 여성과 헤어진 아내를 동석시키는 데도 신경을 쓰지 않을 수 없다.

게다가 친구가 새로 고른 배우자가 영 마음에 들지 않는 상대라면, 친구와 만나고 싶은데 그 배우자가 꼭 함께 나오는 것도 불편해진다. 친구 관계는 일대일이 기본. 커플 단위가 되면 번거로운 점이 많다.

미국처럼 이혼, 재혼, 재재혼(삼혼)이 많아 파트너가 자주 바뀌는 사회에서 커플 단위 교제가 조건이라 한다면 믿을 수 없는 얘기다. 오죽 성가신 점이 많을까. 미국인 친구와 사귀게 되면 오랜만에 만났을 때 "부인은 잘 계셔?"라는 말은 금기라는 것을 금세 알아차리게 된다. 몇 년 만에 만나 보면 파트너가 바뀌어 있는 경우가 종종 있기 때문이다.

게다가 무엇보다도 여자들 모임에 참가하는 여성들이 남편을 여자들 모임에 데려오기 싫어한다는 점도 깨닫게 된다. 남편이 데려가주길 원한다고 해도 말이다.

그도 그럴 것이 선택연의 사회란 혈연에서도 지연에서도 벗어난, 평소의 생활과는 전혀 다른 세계. 여느 때와는 다른 나를 연출하는 변신의 장이다. 그곳에 남편을 데려가다니 일상의 탯줄을 질질 끈 채로 밖에 나가는 것과 마찬가지다. 그런 선택을 하고자 하는 여성이란 없다.

게다가 나간 모임에 멋진 남성이 있을지도 모르지 않은가. 커플로 참가하는 이성이라면 죄다 누군가에게 '소속'되어 있기 마련이나, 혼자 참가하는 경우라면 이런저런 신경 쓰이는 마음의 부담에서도 자유롭다. 남편만 따라오지 않는다면 우정보다는 가깝지만 사랑은 아닌 교제도 싹틀지 모르는데, 모처럼의 기회를 눈뜨고 놓치기는 아깝다.

선택연은 **'싱글'의 자격**으로 이어지는 장이라 받아들이는 편이 좋을 듯하다. 오히려 그렇게 생각하는 편이 배우자와 사별을 한다거나 이혼을 하더라도 멤버들과의 관계 유지에 영향이 적다.

네트워크를 만들고 싶다면
지켜야 할 7가지 금계

이런 선택연에는 인간관계의 예의범절이 있다. 여자들 모임 활동 금기 모음, 이름하여 '여자들의 네트워크에서 지켜야 할 7가지 금계'를, 2장에서 소개한 나의 저서 『'여자들 인연'을 살아온 여자들』에서 발췌해 다시 싣기로 한다.

여자들의 네트워크에서 지켜야 할 7가지 금계

1. 남편 직업은 말하지도 묻지도 않는다.

2. 자식 이야기는 하지 않는다.

3. 자기 학력을 말하지 않는다.

4. 서로 '사모님'이라 부르지 않는다.

5. 돈을 빌리지도 빌려주지도 않는다.

6. 모임을 돈벌이의 장으로 이용하지 않는다.

7. 상대의 속사정에 깊이 개입하지 않는다.

이를 고쳐 다듬어 여자들 인연에 참가하고 싶어 하는 남성을 위한 '금기 모음'을 만들어보았다.

> **남자들이 네트워크에서 지켜야 할 7가지 금계**
>
> 1. 자신과 상대의 전력은 말하지도 묻지도 않는다.
> 2. 가족 이야기는 하지도 묻지도 않는다.
> 3. 자신과 상대의 학력을 말하지도 묻지도 않는다.
> 4. 돈을 빌리지도 빌려주지도 않는다.
> 5. 서로를 '선생님'이나 '직함'으로 부르지 않는다.
> 6. 거만한 태도로 말해서도 안 되며 주제넘게 나서지 않는다.
> 7. 특기나 노하우는 상대가 요구할 때만 발휘한다.

1. 자신과 상대의 전력은 말하지도 묻지도 않는다.

한창때 얼마나 잘나갔는지는 모르겠지만 은퇴하면 다 똑같다. 과거의 영광에 연연하지 말고 현재의 모습 그대로를 받아들이자. 누가 묻지도 않았는데 자기의 과거 경력 따위를 늘어놓는 사람은 미움을 사기 십상이다. 한술 더 떠 자랑처럼 떠벌리는 사람은 더더욱 따돌림을 당한다. 교제하는 이 사람 저 사람의 과거나 경력을 본인은 일절 말하지 않는데도 나서서 제3자에게 나불나불 떠벌리는 것도 규칙 위반이다.

2. 가족 이야기는 하지도 묻지도 않는다.

누구나 자기 가족에 대해서는 할 말이 많은 법이다. 자식이나 손주 자랑을 한들 상대는 아무런 흥미도 느끼지 못한다. 게다가 그렇게 자랑스러운 자식이라도 잘난 사람은 자식이지 부모가 아니다. 자식 자랑을 듣는 상대는 자식 문제로 골치 아파하고 있을 수도 있고, 어쩌면 자식이 부모보다 먼저 세상을 떠났을지도 모르는 일이다. 괜히 아픈 상처를 건드려 상대가 떠올리고 싶지 않은 과거의 쓰라린 기억까지 모조리 들춰낼 위험이 있다.

기혼자라도 사정이 있어 별거하고 있을지도 모르며, 아내 아닌 다른 여성과 동거하고 있을지도 모른다. 상대가 자기 입으로 말하지 않는 이상 쓸데없는 일은 묻지 않는 법이다. 선택연은 '싱글' 단위라는 점을 명심하자.

3. 자신과 상대의 학력을 말하지도 묻지도 않는다.

고령자일수록 학력 격차가 심하다. 옛날에는 학력 격차는 경제 격차였지 결코 능력 격차는 아니었다. 자신이 상급 학교에 진학할 수 있었던 것은 출신이나 환경 등 과분한 행운 덕분이었다고 생각하자. 처음 만나는 사람과도 인사 겸 "어느 학교를 나오셨지요?"라고 묻고 싶어 하는 사람들이 있는데, 어째서인지 그들 대부분이 남성이다. 게다가 명문대학 출신이 많다. 결국 자신의 학력을 과시하고 싶었던 것뿐으로 아주 미움을 사고 만다.

4. 돈을 빌리지도 빌려주지도 않는다.

만남을 오래 지속하기 위해서는 꽤 중요한 규칙이다. 여자들 모임에서는 점심 한 끼를 먹더라도 10원 단위까지 각자 계산하는 경향이 있지만 남성들끼리의 모임에서는 '여기 계산은 내가 하지' 하며 서로 허세를 부린다. 한때는 이것도 자기 구역을 과시하는 파워 게임의 하나였지만, 연금 생활자가 되면 이런 행동은 자제하자.

특히 여성이 있는 모임에서, 남성이 여성에게 밥을 사는 것도 삼가자. 여성에게 밥을 사는 것은 내심 그 여성에게 마음이 있을 때만 하는 것이 좋다. '순수 이성 교제'에서는 남녀 불문하고 더치페이가 투명한 규칙이다. 게다가 경제력 수준이 비슷하거나 금전 감각을 공유할 수 있는 점도 중요한 포인트다. 혼자만 인색하거나 깍쟁이 같은 사람이 있으면 점점 만남이 거듭될수록 그 사람에게는 아무도 말을 걸지 않게 된다.

5. 서로를 '선생님'이나 '직함'으로 부르지 않는다.

남자를 보면 '선생님'이나 '사장님'이라고 불러주면 된다는 것이 술집의 불문율이다. 그렇게 불리면 기뻐하는 남성이 많은 것 같지만 이 또한 격식 없는 만남에서는 금기 사항이다. 속세의 직함을 떠나서도 남성들의 모임에서는 명예를 둘러싼 파워 게임이 시작된다. 노인회 '회장'이라느니, NPO '이사장'이라느니, 노인대학 '강사 선생님'이라느니 말이다. 그 직함들을 그 직함이 불리는 곳 이외에까지 질질 끌고 들어오지는 말아야 한다.

'선생님'이라고 부르면 상대의 이름을 잊어버려도 난처할 일이 없다는 이점을 드는 사람도 있을지 모르나, 이름은 제대로 기억하여 '우에노 씨'라 부르도록 하자. 그리고 배우자가 있다면 '부인'이 아니라 제대로 '지즈코 씨'라고 이름을 부르자(일본에서는 결혼한 여성은 남편의 성을 따른다―옮긴이). 누군가의 부속품이 아니라 한 사람으로서 참가하고 있는 것이므로. 다른 남성이 아내를 성이 아닌 이름으로 부르면 멈칫하는 남편들이 있다. 아내가 새삼 신선하게 보여 매력을 재발견하게 될는지도 모른다.

6. 거만한 태도로 말해서도 안 되며 주제넘게 나서지 않는다.

특히 샐러리맨 정년 퇴직자에게 이런 케이스가 많다. 일반적으로 정년 전에 가장 높은 지위에 오르므로 대개가 관리직이었다. 게다가 여성들만 있는 모임이라면 돌연 목에 힘을 주고 '내가 통솔해야지' 하는 기분이 든다. 그러나 주의해야 할 점이 있다. 여자들 모임에서는 먼저 있던 사람이 베테랑이며, 당신은 신참자라는 사실이다. 그 사람들은 서클이나 지역 활동 경력으로 리더십도 충분히 갖출 만큼 갖추고 있다.

지금의 고령자들이란 예전엔 학급에서도 반장은 남자가 하고 부반장은 여자가 하는 것을 당연시했던 세대다. 여성들만 있는 학부모회에서도 남성이 회장으로 추대되어왔다. 그러나 요즘 젊은이들 사이에서는 남녀를 불문하고 리더십이 있는 사람이 리더가 되는 것이 당연한 추세다. 남녀공학의 학생회장이나 동아리 팀장도 여성들이 많다. **남자는 리더고 여성은 리더를 보좌한다는 고정관념은 버려야 한다**(그런 사고방식은 대개 회사 생활에서 몸에 배인 것이리라). 그렇지 않으면 완곡하게 거절당하거나 따돌림을 당해 모임에서 쫓겨나는 일도 있다.

7. 특기나 노하우는 상대가 요구할 때만 발휘한다.

리더십이라고 말하지 않더라도 대개 남성들은 오랜 직업 경력에서 오는 경리 사무 경험이라든가 법률 실무 경험, IT 능력(컴퓨터나 인터넷을 다루는 능력) 등을 특기로 가진 사람이 많다. 여자들 모임에서 보다 못해 말참견을 하거나 나서서 도와주고 싶기도 하겠지만 그 역시도 상대편이 선배다. 제안을 해서 상대가 받아들여 요청이 있을 때만 협력하자. 그렇지 않으면 어느새 설치기 좋아하는 사람으로 찍히게 되어 그 역시 미움을 사게 된다.

능력의 가치는 요구와 일치할 때라야 제대로 평가받는다. 필요도 없는 능력을 발휘한다 한들 미움만 살 뿐이다. 요구가 있을 때 발휘한다면 많은 이의 관심을 한 몸에 받을 것이며, 의지가 되는 사람으로 평가받는다. '남자가 있어서 정말 다행이네요'라는 소리를 들으며 극진한 대접도 받을 것이다.

갑옷을 벗어던진 교제

이상이 여자들 인연 모임에 남성이 참가할 때의 규칙이다. 남성들 간의 관계에서 어떻게 행동해야 하는지는 나 같은 여성에게 배울 것까지는 없지 않을까? 그러나 세상의 의리를 떠난 선택연의 하나인 남자들 인연에서도 룰은 비슷하리라 생각한다. 가장 중요한 점은 남자들 인연이든 여자들 인연이든 남녀혼성 인연이든 **선택연의 세계**는 이미 예전의 **파워 게임 세계가 아니**라는 사실이다.

마지막으로 여자들 모임에 참가하면서 잘 녹아들지 못하고 자취를 감춰버린 한 남성의 가슴 절절한 에피소드를 소개한다.

가족과 떨어져 홀로 타지에서 일하는 요시카즈 씨(56세). 집도 멀리 떨어져 있고 교통비도 만만치 않아 그다지 자주 집에 갈 수 없다. 휴일에 남아도는 시간을 주체하지 못해 근처 주민센터 주부들 모임에 호기심이 발동해 참가했다. 그룹 멤버들은 요시카즈 씨를 소외시키지 않고 지금까지 해온 대로 해나가고 있었지만 그는 몇 번 참가한 후 어쩐지 분위기에 적응하지 못한 채 다른 지방으로 전근을 가며 그 지역을 떠났다.

그 후 모임을 주도하던 여성 앞으로 장문의 편지가 도착했다. 다음이 그 편지의 일부분이다.

처음에는 여자들이 모여 무슨 쓸데없는 수다를 떠나 하며 좀 거리를 두고 듣고 있었지만 여러분의 솔직한 이야기에 감명받았습니다. 나에게도 아내 이야기며 집 이야기 또 여러분이 들어주었으면 하는 고민이 많습니다. 지금 멀리 떨어진 이곳에 와 생각해보니 나도 그때 있는 그대로 솔직하게 나에 대한 이야기를 하고 여러분과 친구가 되었다면 좋았을걸 하고 후회하고 있습니다. 다음에 만났을 때는 갑옷을 벗어던지고 교제에 임하리라 명심하고 있습니다.

요시카즈 씨에게 필요한 것은 2장에서 서술한 '약점 드러내기'였다. 상대가 남자들끼리면 좀처럼 벗기 힘든 갑옷도 여성과 친구가 되면 조금은 더 쉽게 벗을 수 있으리라.

남아도는 시간을
어떻게 활용할까

싱글은 '시간 부자'다.

속세의 의리와 직장의 구속도 없는, 남아도는 자유로운 시간.

그 시간은 이미 '회사의 시간'도 아니요, '가족의 시간'도 아니요, 오로지 '자기만의 시간'이다.

그러나 아무것도 하지 않고 흘려보내는 시간은 지옥과 다름없다. 시간이란 그저 있으면 좋은 것이 아니라 어떻게 쓰느냐가 중요하다. 하루 24시간은 누구에게나 공평하지만, 바쁘게 움직이며 하루가 금세 지나간다고 하는 사람이 있는가 하면 무료함을 푸념하며 잠도 오지 않는 긴 밤을 지새우는 이도 있다.

'시간 부자'란 단지 시간이 있는 것만으로는 충분하지 않다. 그중에서 가처분 시간, 즉 자기 재량으로 풍부하게 쓸 수 있는 시간이 어느 정도 있느냐가 핵심이다. 부자가 그저 돈을 쌓아두고 있는 사람이 아닌 것과 마찬가지로 가처분 소득, 즉 자기 재량으로 쓸 수 있는 돈이 얼마나 많은지, 또 어떻게 쓰고 있는지를 하나하나 따지는 것처럼 말이다.

시간 사용법이란 한마디로 시간을 활용하는 노하우와 스킬을 말한다. '시간 때우기'라고들 하지만 부정적인 의미만은 아니다. **인생이란 죽는 날까지 장대한 시간 때우기이다.** 어차피 시간 때우기를 할 바에야 제대로 때우고 싶다.

시간 부자와 시간 가난뱅이를 조사하면서 알아낸 두 가지 법칙을 소개한다.

첫째, 시간은 혼자서는 때울 수 없다.

둘째, 시간은 저절로 때워지지 않는다.

참뜻은 이렇다. 첫째는 시간을 때우기 위해서는 함께 시간을 때울 동료가 필요하다는 것. 둘째는 시간을 때우기 위해서는 노하우나 스킬, 인프라도 필요하다는 것이다. 예전 책에서도 잠깐 언급한 적이 있지만, 이 책에서는 남성 위주로 자세히 기술하고자 한다.

함께 시간 때울 상대는 있는가?

첫째, 시간은 혼자서는 때울 수 없다. 이 말인즉슨, 대개 시간을 때우기 위해서는 상대가 필요하다는 것이다. 간혹 홀로 있는 편이 자유로워서 좋다며 혼자서도 잘 놀며 즐기는 사람도 있긴 하지만 이처럼 '싱글력'이 있는 사람은 그다지 많지 않다.

시간 부자의 조사 대상 중에는 나 홀로 놀기의 달인도 있었다. 보틀쉽bottle ship이라는 조립식 모형 세공이 있다. 유리병 속에 핀셋으로 부품을 넣어 범선을 조립하는, 고도의 끈기가 필요한 취미활동이다. 유키 씨 남편은 정년퇴직 후 보틀쉽 제작에 열중했다. 외출이 잦고 나다니기 좋아하는 주부 유키 씨가 남편 등 뒤에서 "다녀올게요." 하며 인사를 해도 뒤도 돌아보지 않고 핀셋만 움직였다.

자기가 나다니는 것에 일일이 간섭하려 들지 않는 만큼 편하다면 편할 수도 있겠지만, 만약 자기가 먼저 죽어도 남편은 그렇게 등을 구부린 채 오로지 보틀쉽 제작에만 목을 맬 것이 아닌가. 친구가 많은 자신과는 달리 친구도 적고 고독한 남편이 밖이 어둑어둑해지는데도 눈치채지 못하고 방에서 치밀한 세공에 몰두하는 모습이 생생하게 떠올라 유키 씨는 안타까운 심정이었다.

이런 남편을 홀로 두고 먼저 떠나갈 수 없다는 생각이 들었지만, 한편으로는 지금까지 그래왔듯 자신이 없어도 괜찮을지 모른다는 생각도 들었다. 그 후 다행히도 유키 씨는 남편을 먼저 떠나보낼 수 있어 한시름 덜었다.

인간은 사람을 그리워하는 존재

보틀쉽 조립이라 하더라도 완전히 고독한 작업인 것만은 아니다. 모형 판매상을 낀 동호회 모임이 있고, 전시회에 출품을 하기도 한다. 품과 시간이 드는 취미인 만큼 일가견 있는 사람이 많아 동호회 안에서 어느 정도 평가를 받는 것이 참가자에게는 즐거움인 모양이다.

아무리 소수의 사람들이 즐기는 취미라 하더라도 나름대로 커뮤니티가 있으며, 그곳도 역시 파워 게임이 존재한다. 유키 씨의 남편처럼 나 홀로 놀기의 달인도 있지만 그 정도로 담력이나 능력을 갖춘 사람은 흔치 않다. 사람은 사람을 그리워하는 존재다. 그렇다고 해서 사람이라면 무조건 아무나 다 좋다는 말이 아니라는 것쯤은 마음에 새겨두자.

세상에는 함께해서 기쁜 사람이 있는가 하면, 함께하면 불편한 사람도 있는 법이다. 함께하는 시간이 즐거운 경우도 있고, 그렇지 않은 경우 또한 있다. '내 시간'이란 혼자 있고 싶을 때 **혼자 있을 수 있는 시간과**, 혼자 있고 싶지 않을 때 누군가와 **함께 있을 수 있는 시간의 조합**이다. 이 '누군가'는 기분이 좋아지는 누군가이며 선택할 수 있는 상대여야 한다는 점이 가장 중요하다.

육아는 최고의 소일거리

함께 시간을 때우는 데 가장 돈이 적게 드는 상대는 가족이다. 자식이란 자신의 인생 중 20여 년간 두근두근 가슴 설레게 하며 살게 해준 상대라 생각하고, 그 이상의 기대는 하지 말고 감사하는 마음으로 보내주자.

육아만큼 열중할 수 있는 즐거움이란 이 세상에 다시없기에 그 이상 기대하며 무거운 부담을 지우거나 보답을 바라는 것은 당치도 않다. 유난히 부모의 기대치가 높아 중압감에 찌들어 사는 도쿄대 제자들을 보고 있노라면 이 점은 거듭 강조해두고 싶다.

어머니에 비해 아버지는 두근거리고 설레는 감정을 덜 느낀 만큼 손해를 보고 있는지도 모른다. 아기는 비 온 후 죽순이나 아스파라거스처럼 나날이 눈앞에서 성장해간다. 사춘기에 들어서면 생각지도 못한 언동으로 부모를 놀라게 하거나 학을 떼게 하기도 한다. 엄마가 되어본 적이 없는 나조차도 한창 자라는 학생들을 보고 있노라면 하루하루 눈에 띄는 성장에 입을 다물지 못할 지경이니 이런 감정을 공유할 수 없다는 것이 참으로 아쉬울 따름이다.

'별거 싱글'이라는 선택

부모 역할을 졸업한 후 곁에 남는 사람은 배우자다. 자식과 함께한 시간은 한정되어 있으며, 배우자와 보내는 시간이 길어지고 말았다. 그 시간이 둘이 있는 것보다 혼자 있는 편이 오히려 나은 삭막하고 따분한 시간이 되어버린다면 정말 안타까운 일이다.

요즘은 금혼식을 맞이하는 부부도 드물지 않다. 젊은 시절 한때의 기분으로 택한 상대와 반세기 이상을 함께 살아야 하므로 배우자 선택에는 신중에 신중을 기해야 한다.

혈기 왕성했던 젊고 푸른 시절의 선택도 중요하지만, 반세기라는 시간을 견디며 서로 변화해가면서 좋은 관계를 유지하는 것이 훨씬 중요하다.

연령이나 환경에 따라 파트너에게 하는 요구 사항도 바뀐다. 젊을 때는 오로지 믿음직한 남자가 좋았지만, 나이를 먹으면서 '함께 있어 편안한 사람이 최고'로 취향이 바뀌는 여성도 있다. 그 기대의 변화에 맞추어 상대도 변해주면 좋겠지만, 사람은 그렇게 쉽사리 변하지 않는다. 솔직히 **고비가 올 때마다** 부부 관계를 정리하고 **상대를 바꾸면 좋겠지만** 여러 사정으로 그렇게 할 수도 없다.

주위 커플들을 보고 있자니 '부모 역할 정년'을 계기로 부부 관계도 정년퇴직하고 싶다고 은근히 바라는 사람들이 많은 듯하다. 무엇보다 부부란 육아라는 인생 최대의 관심사를 공유하는 '전우'이므로 '부모 역할'이 지속되는 동안에는 전우나 마찬가지다. 그러나 부모 역할이 끝나면 계속할 이유도 없어지고 만다. 이런 커플들 중에는 두 세대로 따로 거주하며 별거하는 커플도 있다. 부부 관계는 남아 있으나 사별도 이혼도 아닌, 이름하여 '별거 싱글'이다.

함께 여행하고 싶은 상대는?

아내는 가장 가까운 곳에 있으며, 산책이나 장보기나 여행을 함께하는 파트너였다. 그러나 사실 아내가 내켜서 동행하는지 어떤지는 잘 모르겠다.

시니어 세대를 대상으로 한 조사를 보면 '국내 여행을 함께 가고 싶은 상대는 누구인가?'라는 질문에 여성의 대답 중 1위가 **'가족'**, 2위는 **'친구·지인'**, 3위는 **'남편'**의 순이었다. 참고로 남성의 대답은 '아내'가 단연코 1위였다.

『로맨틱 바이러스』[38]라는 저서를 낸 바 있으며 아시아를 관광하는 여성들에 관해 조예가 깊은 고故 시마무라 마리 씨가 알려준 정보다. 그녀 자신도 상당히 유행에 민감한 사람이었다. 욘사마 붐(배용준 붐) 이후 한국을 찾는 일본인 여성 관광객 수가 늘었지만, 그 대부분이 여성들끼리의 단체 관광이었다. 홍콩, 베트남, 태국 등으로 2박 내지 3박 정도 갈 수 있는 '가깝고 짧고 싼' 아시아 관광은 거의 여성들끼리의 여행이라고 한다.

태국의 푸켓이나 인도네시아의 발리섬 등 국제적인 리조트 지역에서는 북미나 유럽에서 온 커플을 대상으로 한 애인 리조트 상품도 있다. 그래서 일류 호텔은 더블베드 침실이 기본이었다. 그런데 그곳에 일본인 여성 두 명이 들이닥쳤다. 엔고 현상으로 돈은 있겠다, 에스테틱이나 스파에도 경험이 많은 그네들이 게다가 맛있는 것도 먹자며 온 것이다. 잘 때는 각자 다른 침대를 달라고 하니 트윈룸에 대한 요구가 늘었다. 자긍심이 높은 호텔 측은 이에 응하지 않았으나 고객의 수요에 더는 맞서지 못하고 결국 일본인 여성 투숙객 대상으로 트윈룸을 늘렸다는 소리를 들었다. 일본 남성은 바빠서 애인 리조트에 갈 만한 여유가 없겠지만.

시마무라 씨의 조사로는 아시아 관광이 주로 여성들끼리

인 것에 비해 유럽 여행은 커플, 그것도 고령 커플이 많다고 한다. 아무래도 '가깝고 짧고 싼' 아시아는 여성들끼리의 단골 여행지인 반면, '멀고 길고 비싼' 유럽은 후원자, 지원자, 광고주 등 돈을 대주는 사람이 있는 커플 여행이라는 차이가 있는 것 같다는 게 그녀의 해석이었다. 일본인은 커플이라도 더블보다는 트윈을 선호하는 경향이 강한 듯하지만 말이다.

싱글 남성이 된다는 것은 이처럼 가장 가까이 있으면서도 값싸게 시간을 함께 보낼 파트너를 잃는다는 것을 의미한다. 그렇기 때문에 더욱 가족 부자보다는 사람 부자가 되어야 할 필요가 있다.

남성들 사이에 흔한 '학연'

시간 부자와 시간 가난뱅이를 조사할 때 '누구와 시간을 보낼 것인가?' 하는 질문을 인간관계에 따라 혈연이나 지연뿐만 아니라 직장연·학연·선택연으로 분류해 물어보았다.

남성에게 의외로 많았던 대답이 학연이었다. 서로 학창 시절에 맺은 관계를 오랜 시간 유지하고 있었다. 반대로 직장연은 직장을 그만두면 인연도 끝나버린다. 아직 현역이라 하더라도 남아 있는 후배와의 관계에서는 선배를 어떻게 대해야 좋을지 몰라 곤혹스럽기만 하다는 후배의 속마음을 잘 새겨둘 필요가 있다.

여성은 직장연에 휩쓸리지 않은 만큼 여자들 인연이라는 이름의 선택연을 적극적으로 만들어왔지만, 남자들 인연은 여자들 인연만큼은 발달하지 않았다. 남성의 교우 관계를 살펴봤을 때 10대에 맺은 학연이 큰 비중을 차지하고 있는 것을 보면 역으로 10대 이후에 이해관계가 얽혀 있지 않은 인간관계를 새롭게 구축하는 것이 그만큼 어려웠나 보다 하는 생각도 든다.

"친구요? 학창시절에 럭비부 활동을 함께했던 친구지요." 라든가, "학창 시절에 사귄 친구가 평생의 친구가 되니 소중히 하려무나."와 같은 조언을 듣노라면 심보가 못된 나 같은 사람은 이 사람 성인이 되고부터는 **친구라고는 전혀 사귀지 않았던 게로군**, 참 딱한 사람일세, 라는 생각이 절로 든다.

시간 때우기의
달인들

앞서 말한 두 번째 법칙, **시간은 저절로 때워지지 않는다.**

시간을 잘 보내려면 노하우나 스킬, 게다가 인프라(기반 만들기, 초기 투자)도 필요하다. 여기에서는 싱글 남성 두 사람의 예를 소개하겠다.

시에서 클래식까지, 평생 공부하는 교양파

마사아키 씨(72세)는 퇴직 교원이다. 원래 고등학교 국어 교사였다. 매주 주말에는 근처 노인대학의 시 낭독 교실 강사를 하고 있다. 매회 시어를 뽑아 가야 해서 공부를 해야만 하고, 계절마다 시가를 읊조리며 명승고적을 찾아가야하기 때문에 준비에 여념이 없다. 일주일에 며칠은 이런 일들을 하면서 보낸다. 얼마 안 되지만 사례비도 나온다. 공들이는 시간에 비하면 터무니없는 금액이지만 현재는 이 일에 가장 몰두하고 있기 때문에 아쉬운 마음이 없다.

퇴직한 후에도 다들 '선생님'이라고 부르는 것도 이 덕분이다. 하이쿠를 가르칠 수 있는 것도 국어교사를 지낸 덕분이다. '평생 공부'가 신조이므로 이렇게 사는 인생이 자신에게 딱 맞는다는 생각이다.

또 하나의 다른 즐거움도 있다. 예전 제자들로 지금은 근방에 살며 전업주부인 여성들을 모아 자택에서 개최하는 클래식 감상회가 그것이다. CD 컬렉션은 LP 시대부터 차곡차곡 모은 내공이 쌓여 있다. 오디오 세트에도 투자했다. 무엇보다 기분이 좋은 것은 예전 제자들이 지금도 다들 몰려오며 때로는 아이들까지 데리고 와준다는 점이다.

마사아키 씨가 시간을 보내는 방법은 예전 직장 생활과 직결되어 있다. 시 강의도 클래식 음악 감상회도 교사 정도면 갖추고 있음직한 교양과 연결되는 면이 있기도 하지만, 이 사람은 가르치는 것이나 배우는 것을 정말 좋아하는구나 하는 생각이 절로 든다.

그저 인품이 좋아 예전 제자들이 선생님을 잊지 못해 찾아오고, 가르치다 보니 노인대학 수강생도 태반이 여성, 클래식 감상회 참가자도 여성이 대부분이다. **주위가 온통 여**

성들로 둘러싸여 있으니 당연 행복하며 다들 부러워하지 않을까?

스키에 카누까지, 3세대로 이어지는 아웃도어파

여기 또 한 명의 시간 부자가 있다.

치과의사인 다케시 씨(65세)는 아웃도어 스포츠 애호가다. 랜드 크루저에 카누를 싣고 시만토강에서 급류를 타고 뱃놀이를 즐긴 적도 있다. 정월에는 차에 스키를 싣고 친구와 아들을 태우고 후지산으로 달려가 새벽녘에 첫 스키를 타고 돌아오기도 했다.

최근에는 나이 탓도 있고 해서 그 정도까지 힘이 드는 놀이는 하지 않지만, 그 대신 초등학생인 손주에게 스키와 카누를 가르치는 일을 낙으로 삼고 있다. 휴일에는 나서서 손주를 데리고 나가주기 때문에 며느리한테도 그야말로 호감 넘버원이다. 아내는 먼저 세상을 떠났지만 두 세대 주택 위층에 사는 아들 일가와 함께 식사를 하기 때문에 불편한 점은 없다. 부탁만 하면 후처를 알아봐줄 친구나 친지는 얼마든지 있지만, 현재 아들네 식구들과 함께 사는 평온한 생활에 분란을 일으키고 싶지 않아 재혼 생각은 없다.

원래 남자들끼리 바다나 산에 가는 것을 좋아했다. 아내는 늘 집에 붙어 사는 사람으로 몸도 약해 잘 데려가지 않았지만 본인 또한 따라가고 싶어 하지 않았다. 허약 체질인 아내에게서 태어난 자식들이 다행히도 다들 아웃도어파로 성장해주었다. 어릴 때부터 함께 데리고 다닌 보람이 있었다. 이번에는 바쁜 아들을 대신해서 손주를 아웃도어파로 끌어들일 차례다. 그러나 초등학생이라도 고학년이 되면 교육열 높은 며느리가 학원이다 시험이다 하면서 간섭할 것 같아, 손주가 자신을 따라다닐 수 있는 시간도 앞으로 몇 년 안 남은 듯하다.

최근에는 산을 가든 스키를 타러 가든, 만나는 사람들은 죄다 중장년층뿐이다. 하룻밤을 자고 오는 산행이나 늘 하는 스키 투어도 있어서 함께 어울릴 상대는 얼마든지 있다. 시니어 할인권을 가지고 있는 단골 중에는 최고령 86세 싱글 스키어가 있다. 그 노인을 보면 앞으로 20년쯤이야 끄떡없겠다는 생각이다.

취미를 공유할 수 없었던 부부

이런 다채로운 취미나 스킬을 어디서 언제 익혔는지도 조사했다. 가족력, 학력, 직장력 중 어디에서 노하우를 익혔는지 물어보니 많은 사람들이 가족력이라 답했다.

마사아키 씨의 하이쿠 스킬은 직장 이력과 관계가 있지만 클래식 음악은 부친이 좋아해서 어릴 때부터 콘서트에 자주 데려가준 덕분이라고 한다. 다케시 씨의 아웃도어 취미는 대대로 가족력이다. 부모님이 바다나 산에 자주 데려가주었던 덕분에 본인도 좋아하게 되었고, 그러면서 자기 아들도 데리고 다니게 되고, 이번에는 손주까지 동참시킬 생각이다. 거기에다 학력도 가세했다. 대학 시절 카누 동아리에 들어 카누를 배웠다. 요트도 해보았지만 요트부에 모이는 도회지의 한량 같은 동년배 젊은이들과는 아무래도 마음이나 기질이 맞지 않아 요트는 일찌감치 그만두었다.

노는 스킬은 하루아침에 몸에 배는 게 아니다. 프랑스의 사회학자 피에르 부르디외Pierre Bourdieu는 이렇게 몸에 밴 취미를 '문화자본'이라 했다. 돈뿐만 아니라 취미도 계층의 지표다. 그러고 보니 다케시 씨도 요트 동료의 소개로 아내와 만났다. 도쿄 내의 명문 여대에 다니는 여대생이었다. '취미가 통하는' 것에서 사랑이 싹트는 경우도 종종 있으나 그보다 먼저 취미가 맞느냐 맞지 않느냐에 따라 상대도 추려지게끔 되어 있다. 아내가 자신을 선택한 것도 치과대학 학생이었기 때문이지 보통의 샐러리맨이 될 예정이었다면 거들떠봐주지도 않았으리라는 생각이다.

아웃도어파와는 그다지 연이 없던 아내가 여대생 때 지방 출신의 다케시 씨에게 끌린 것은 아마도 주위 동료들과 다른 솔직하고 꾸밈없는 점에 매력을 느낀 것이리라. 한편, 다케시 씨에게 결혼 전의 아내는 눈이 부실 정도로 예뻤다. 약혼을 결정했을 때는 주위로부터 "너처럼 촌스러운 녀석이 어떻게 그녀의 마음을 사로잡았는지 도무지 이해할 수가 없어."라면서 희한한 존재 취급을 받았다. 아마도 서로 달랐기 때문에 오히려 더 끌린 것이었을지도 모른다.

그러나 오랜 결혼 생활 중에도 결국 '취미 공유'는 잘되지 못했다. 대를 이을 치과 병원의 후계자였던 자신을 따라 고향으로 와준 것은 고맙지만, 도시에서 자란 아내는 이런 생활이 평생 불만이었을 것이다. 각자 서로의 영역을 존중하면서 함께 살아왔지만 부부간의 갈등은 끝내 해소되지 못했기 때문에 아내가 죽고 오히려 마음 한구석이 편해진 것도 사실이다.

저렴한 비용으로도 즐길 수 있는 방법은 있다

문화자본을 몸에 익히는 데에도 투자가 필요하다. 시간 부자들의 부유한 소일거리를 보고 있노라면 초기 투자 비용이 상당히 들어간다는 것을 알 수 있다.

다케시 씨는 4륜구동 랜드 크루저와 카누를 갖고 있다. 스키용품에도 투자를 꽤 했다. 마사아키 씨는 오디오 장치에 돈을 들였다. 애지중지하는 스피커를 놓기 위해 반지하 오디오 룸을 만들고 코르크로 실내를 도배했기 때문에 결국 인프라 투자에 상당한 비용이 들어갔다. 몇 년 전에는 DVD로 오페라를 보려고 대형 스크린을 설치했다. 먼저 떠난 아내는 '남편의 도락道樂'이라 불렀지만 담배도 술도 입에 대지 않는 마사아키 씨 본인은 이 정도 도락쯤은 즐길 만하다는 생각이었다.

재미있는 점은 초기 투자 비용이 많이 들수록 회당 비용이 싸진다는 점이다. 다케시 씨가 친구들과 2박 3일 카누 여행을 갔을 때는 기름 값이나 식비를 포함해 한 사람에 30만 원 정도밖에 들지 않았고, 친구와 자식들을 데리고 정월에 후지산에 첫 스키를 타러 갔을 때도 고속도로 통행료를 포함해 한 사람당 6만 원 정도밖에 들지 않았다. 만약 아이 둘을 데리고 우라야스에 있는 디즈니랜드에 간다면 이 정도 예산으로는 어림도 없을 것이다.

문화자본과 더불어 사회관계자본도 큰 힘을 발휘한다. 사회관계자본이란 어떤 사람을 어느 정도 알고 있는가 하는 인간관계 축적량이다. '사람 부자'를 말 그대로 전문용어로 풀이한 셈인데, 요즘 사회학 분야에서 유행하기 시작했다. 이 사회관계자본 덕분에 그 후 비용을 들이지 않고 취미 메뉴를 늘리는 예는 얼마든지 있다.

어떤 이는 지인이 경영하는 회사 사원용 연수시설(연수시설이란 건 이름뿐, 경영자가 지은 절세용 자기 별장이지만)을 매년 가족과 함께 이용하고 있다. 또 어떤 이는 프로모션 관계 일을 하는 친구에게서 초대권이나 시사회 표가 계속 오기 때문에 영화나 전시회에 돈을 쓴 적이 한 번도 없다.

학력이 다르면 문화도 다른 법이다

지금까지의 예를 보면 평생 풍요롭게 시간을 보내려면 어릴 적부터 쌓아온 문화자본이나 사회관계자본이 힘을 발휘한다는 사실을 알 수 있다. 노후에 어느 날 갑자기 삶의 보람이나 취미를 찾아보겠다고 나서봤자 이미 때는 늦었다. 역시 어린아이들에게는 학교 이외에도 놀거리가 잔뜩 있는 편이 좋으며 학창 시절에는 학업 이외에 클럽이나 동아리 활동을 열심히 하는 편이 좋다. 얼핏 보기에 **별 볼 일 없어 보이는 활동**이 훗날 시간 부자가 되었을 때 **소일거리 메뉴를 늘려주기 때문**이다.

교양을 쌓을 겸 배우는 취미교실이나 공부도 그중 한 가지다.

앞서 서술한 마사아키 씨는 '평생 공부' 교양 지향형 남성이다. 교사 출신이라서 학교를 무척이나 좋아한다. 재미있는 점은 각지에 있는 고령자 커뮤니티 활동에는 '실버강좌'라든지 '노인대학'이라든지 학교 교육을 방불케 하는 용어가 많다는 점이다. 이런 곳에 모이는 고령자 중에는 고학력자가 많다. 노인대학이니 실버강좌니 하는 것은 학교를 좋아하는 고학력 고령자를 목표로 지자체에서 고육지책으로 생각해낸 제목이다.

그런가 하면 각 지역에도 예전부터 노인회가 있고 노인회장이 여러 가지 일을 도맡아서 해나가고 있지만 이런 지연 커뮤니티에 정년 퇴직자가 들어가기는 쉽지 않다. 노인회의 주력 멤버는 지역 상점주나 상공업 계통 자영업자가 대부분이다. 오랫동안 그 지역에 굳건히 뿌리를 박고 있던 연령 집단이 그대로 고령자가 된 예가 많다.

그런 곳에 불쑥 대기업 정년 퇴직자가 '지역 데뷔'를 하고자 하는 것 자체가 무리이다. 물과 기름처럼 서로 뜻이 잘 맞지 않는다. 게다가 70~80대 남성은 학력 격차가 크다. 대졸자 비율이 같은 연령대 인구의 1% 정도밖에 안 되었던 세대다. **학력이 다르면 문화도 다른 법**이다. 회사연에서 비롯된 **고학력자 모임**에는 지연이나 혈연보다 **선택연 커뮤니티가** 적격이다.

나이와 상관없는 소일거리 노하우

다도, 꽃꽂이 같은 예능도 소일거리 메뉴로는 안성맞춤이다. 일본인은 이런 단순한 예능 활동의 수준을 인격 도야의 경지로까지 끌어올리고 싶어 한다. 게다가 천황제와 매우 흡사한 종가제도까지 있어 권위도 부여한다. 피라미드 체계이기 때문에 제자도 배출하고 스승이라고도 불린다.

교토는 종가제도의 성지와도 같은 곳이다. 도쿄가 정치·경제의 수도라면, 교토는 문화의 수도다. 종가제의 본산은 천황가이므로 예전부터 교토에는 헌법 제1조를 개정하여 천황을 '국가의 상징'에서 물러나게 하고 문화재 천황제의 종가로서 천황이 거주하던 교토고쇼(京都御所. 헤이안 시대부터 메이지 2년까지 천황이 기거했던 곳—옮긴이)로 모시자는 움직임이 있다. 일각에서는 여러 가지로 번거로우니 그냥 이대로 도쿄 황궁에 머무르는 편이 좋다는 반대 의견도 있기는 하다.

교토는 지금도 문화 수도로서 브랜드 가치도 높을뿐더러 '도읍지'라고 하면 누구라도 교토를 떠올린다. 교토에서 자란 나는 처음 도쿄에 갔을 때 철도가 '상행'인 것을 보고 깜짝 놀랐다. 왜냐하면 교토 사람에게는 도쿄에 가는 것은 '동쪽으로 내려가는 것'이니 당연히 '하행'이라고 알고 있었으니 말이다.

교토의 관광 안내 포스터에 '그래, 교토에 가자'라는 캐치프레이즈가 있다. 교토에 연이 없어도 역사적 연고가 있어서인지 왠지 모르게 교토가 그리워지며 별다른 이유도 없이 별안간 '교토에 가자'는 말이 자연스럽게 느껴진다. 이것이 '그래, 나고야에 가자'라든지 '니가타에 가자'였다면 임팩트가 없다.

단기 체류 관광 여행보다 아예 교토의 전통 상가 지역을 숙소로 제공하고 일류 유파에서 3개월에서 반년 동안 불화佛畵, 탈 만들기, 노가쿠能楽, 교겐狂言, 직물 염색, 공예까지 상급 과정을 수업료를 받고 제공하는 프로그램을 짜면 어떨까 하는 생각을 한 적이 있다. 파리의 명문 요리학교 르 코르동 블루에 비싼 수업료를 지불하고 일부러 유학까지 가는 사람도 있을 정도니 말이다. 교토의 전통 상가 지역에서 생활 체험 프로그램을 포함해 일본 전통 예능이나 공예를 배우는 유학 프로그램은 분명 수요가 있을 법도 한데 말이다. 캠페인의 캐치프레이즈는 '그래, 교토로 유학 가자'

가 어떨까 싶어 제안했는데 그 자리에서 바로 거절당했다.

　학문도 이런 식의 소일거리 메뉴로는 시간과 에너지를 아무리 투자해도 도달하지 못할 정도로 잘되어 있다. 학위나 자격 등 권위주위의 냄새가 풍기는 곳에 끌리는 사람도 있다. 나야 '**학문이란 그저 내가 알고 싶어서 죽을 때까지 하는 도락**'이라 생각하고 있기에 나이에 상관없는 소일거리 노하우가 있어 참으로 다행이라 여기며 안도하고 있다.

남자,
홀로 나이 듦에 대하여

남자가 홀로 살아갈 방법은 있을까?

'예스!'가 이 책의 대답이다.

혼자서도 충실하게 잘 살아가는 사람들 몇 분을 내가 알고 있는 까닭이다.

다하라 스스무 씨(73세)는 혼자된 지 15년이 되었다. 58세에 50세였던 아내를 잃었다. 갑작스러운 죽음에 마음의 준비도 되어 있지 않았다. 그런 스스무 씨에게서 편지를 받았다.

갑자기 혼자가 된 남성들에게 선배로서 겪어본 사람만이 아는 노파심 10개조입니다. 실은 우에노 지즈코 씨의 저서 『싱글의 노후』를 읽고 그 책에 나오는 남성들을 응원하고 싶었습니다.

애정을 담아서.

본인의 허가를 받아 이 책에서 공개하기로 한다. 짤막한 코멘트는 스스무 씨가 붙인 것이다.

스스무 씨(73세)의 '싱글 남성 10개조'

1조: 볼일은 항상 앉아서 볼 것. 청소도 부담이 되는 싱글에게는 주위를 더럽히지 않는 필수적인 방법이지만 이 자세를 취하면 뜻밖의 발상이 떠오르기도 합니다. 예를 들자면 남자의 체통이란 서서 볼일을 보는 것과 같은 것이라는 둥.

2조: 요리교실에서 요리를 제대로 배울 것. 일상을 건강하게 보내기 위해 요리를 제대로 배웁시다. '남자 요리교실' 따위 백해무익이라고요? 무슨 말씀.

3조: 도시락을 싸서 외출할 것. 자연 속에서 자연을 느끼며 하는 식사는 참 좋습니다. 반찬이 보잘것없어도 편의점 도시락과는 확연히 다릅니다. 어느 정도 익숙해지면 꽃구경에 여자 친구들을 불러냅시다. 찬합에 도시락을 싸 가면 친구들도 감격할 것입니다. 후식으로 과일이나 시판하는 참

쌀떡을 곁들인다면 당신이 만든 음식의 맛은 아무래도 상관없습니다.

4조: 헐렁하게 늘어진 편한 차림새는 삼갈 것. 일을 하지 않는 이상 '헐렁헐렁한 차림이 최고'라고 믿는 사람이 있지만 이는 역효과를 불러일으킬 수 있습니다. 바지는 몸에 딱 맞는 사이즈로 꼭 끼게 입고, 속옷은 트렁크 팬티로 가능하면 컬러풀한 것을 입으십시오. (보여주고 싶을 정도로 멋진 거라면 돈 아깝다는 생각은 들지 않을 겁니다.)

5조: 장을 보러 갈 때는 장바구니를 가져갈 것. 슈퍼에 장을 보러 갈 때는 큼직한 장바구니를 가져가도록 합시다. 카운터에서 계산하면서 장바구니를 건네주고 물건을 직접 넣어달라고 하면 나중에 다시 넣는 수고를 덜 수 있습니다.

6조: 낯선 사람과 대화할 것. 산책할 때나 식당에서 합석한 사람과는 가능하면 이야기를 나누도록 합니다. 서로 싱글이라면 꽤 죽이 잘 맞습니다. 그 이상 발전하는 경우는 없지만 오히려 그래서 부담되지 않아 좋습니다.

7조: 나서지 말 것. 어떤 모임에 불려 나갔을 때 남자가 자기 혼자면 왠지 나서야만 할 것 같아 반사적으로 행동하는 사람이 있습니다. 이런 행동은 삼가는 것이 좋습니다.

8조: 남성 화장품은 이제 안녕. 생각해보면 남성용 화장품이 여성용과 어디가 다른지 잘 모르겠습니다. 여성들이 쓰는 화장품 중 무향료 제품을 적당히 얼굴에서 목까지 바르고 있습니다.

9조: 전신 거울을 살 것. 의외로 놓치기 쉬운 부분입니다. 자신의 전신을 살펴봐야 합니다. 얼마나 늙었는가, 자세는 나쁘지 않은지, 조금 더 멋진 모습을 보여주자고 마음먹는 일 따위는 나 스스로 주의하지 않으면 어느 누구도 말해주지 않기 때문입니다.

10조: 꽃꽂이를 할 것. 처음에는 불단 위에 꽃을 계속 장식해두는 것이 목적이었지만 나를 위해서도 꽃을 사게 되었습니다. 무엇보다 꽃이 있으면 집 안이 환해져서 뜻밖이었습니다.

과연, 하고 납득할 만한 싱글 남성 생활의 지혜다. 특히 1조는 예상 밖이었다. 몸 구조가 다르니 서서 볼일을 보는 것이 당연하다고 생각했고, 게다가 서서 보는 볼일이야말로 남성의 특권, 다른 것은 별로 부러운 것이 없지만 이것만큼은 부럽다고 생각했는데…… 달리 청소를 해줄 사람이 없다면 더럽히지 않는 것이 최선책이 아닌가. 직접 겪어본 사람만이 아는 생생한 느낌이 넘쳐난다.

여자들에 둘러싸인 인기남

스스무 씨는 애처가였다. 아내가 너무 일찍 세상을 뜨는 바람에 마음에 상처를 입기는 했지만 맥 놓고 지내던 스스무 씨를 다시 일으켜 세운 이들은 다름 아닌 예전부터 알고 지내던 여성들이었다. 알고 지냈다고는 해도 불륜 상대나 애인은 아니다. '순수 이성 교류 클럽'이라는 모임을 주최한 적도 있으며 지역활동을 계속해온 여성들 모임과의 '그룹 교제'였다.

싱글 선배 격인 여성들이 스스무 씨를 '시니어 싱글 연구회'에 들어오라고 권했다. 그 발표를 퍼포먼스 형식으로 하자는 말이 나오면서 '실버 문'이라는 시니어만으로 구성된 극단이 탄생했다. 입단 자격은 50세 이상, '폐경기 여성이라면 누구나 오케이'인 시니어 극단이다.

'실버 문'이라는 이름은 인기 애니메이션 〈미소녀 전사 세일러 문〉에서 비롯됐다. 교복 차림의 소녀들이 갑자기 파워풀하게 변신해 "달 대신 내가 혼쭐을 내주지!"(한국 방영분에서는 '정의의 이름으로 널 용서하지 않겠어!'—옮긴이)라며 단골 대사를 하는데, '실버 문'에서는 '(달거리도 끝난 마당에) 달거리 대신 내가 혼쭐을 내줄 거야!'로 바꾸어 웃음을 유발한다. 간사이 지방에서는 웬만큼 인기도 얻어 각종 이

벤트 개막 행사에 출연해달라는 요청이 들어오기도 한다.

지역활동을 담당하는 사람은 대부분이 여성이다. 남성은 희소가치가 있다. 특히 무대 위에서 '남성'을 연기하는 남자 배우가 부족하면 여성이 '남장'을 하고 남성 역할을 대신해야만 한다. 다카라즈카의 남성 역할이라면 모를까, 나이 지긋한 중장년 남성 역할을 몸집도 작고 목소리 톤도 높은 여성이 연기하면 영 볼품이 없다. 고로 '남자 배우'는 서로 데려가려고 난리들이다.

예명은 '카르멘 오싱'

나이를 먹어도 살이 찌지 않고 호리호리한 체형에 키가 큰 스스무 씨는 극단의 인기남이 되었다. 분장실에서 분장을 하거나 의상을 갈아입으면서 여자 배우들은 극단에서 유일한 남자 배우인 스스무 씨를 툭툭 치거나 만지기까지 했다.

동료 여배우의 분장용품으로 여배우 메이크업을 하자 의외로 잘 어울렸다. 그럼 이건 어떨까, 저건 어떨까, 하며 여성용 의상을 입어보는 동안 점점 빠져들게 되었다. 마침내 극단 전속 작가가 여장한 스스무 씨를 위해 역할을 하나 만들어주었다. 예명은 '카르멘 오싱'. 여장한 남성임을 알아차린 관객들로부터 우레와 같은 박수갈채가 터진다. 이제는 '실버 문'에 없어서는 안 되는 인기 배우 중 한 사람이다.

퇴직 전 스스무 씨는 간사이의 모 대기업 부장이었다. 정년 전 그에게 호감을 갖고 다가오는 여성들은 없었을 터이고 아내가 먼저 세상을 뜨지 않았더라면 지금도 상황은 마찬가지일 것이리라. 퇴직 훨씬 이전부터 유연하며 차별 없는 스스무 씨의 성격을 그녀들이 잘 알고 있었기에 모임에 권유했으리라 생각한다.

남녀를 불문하고 **싱글에게는 주위 사람이 말을 걸거나 다가가기 쉽다.** 이 점도 싱글의 장점 중 하나다.

물론 갑작스러운 죽음으로 아내를 잃은 스스무 씨가 아내와의 이별을 슬퍼하지 않았을 리 없다. 그러나 아내가 살아 있다면 경험할 수 없는 새로운 체험을 동료들과 만끽하고 있다는 사실은 분명해 보인다.

나 홀로 해외여행

홀로 되고 나서 스스무 씨가 알아낸 싱글만이 누릴 수 있는 즐거움이 또 하나 있다. 바로 나 홀로 떠나는 해외여행이다.

재직 중일 때도 일과 관련된 연수 여행 등을 자신이 도맡아서 다 했기 때문에 그룹을 인솔해 해외로 나가는 것쯤은 아주 능숙했다. 하지만 일을 그만둔 후에는 예전 동료들과 함께가 아니라 혼자서 일본인들이 별로 가지 않는 중앙아시아나 동유럽을 여행하고 있다. 비행기 티켓이나 숙박을 알아보는 일도 전부 혼자서 해결하고, 여행지에서 생기기 쉬운 불편함이나 해프닝을 즐기는 자세 또한 유연하다.

여행지에서의 기록을 블로그에 남기고 있다. 나도 경험이 있기에 익히 알고 있지만 혼자 하는 여행의 정보량은 둘이서 하는 여행이나 단체 여행과는 비교도 할 수 없을 만큼 현격하게 많다. 낯선 땅에서 자신의 모든 감각을 총동원해야 하기도 하지만, 무엇보다 **혼자 있게 되면 주변에서 제멋대로 다가오기**들 하기 때문이다.

커플 여행이라면 주위 사람들은 방해하지 말아야지 하는 생각에 오히려 간섭하지 않게 되고, 단체 여행이면 다들 강 건너 불구경이다. 또한 패키지 여행의 경우는 함께 여행하면서 알게 된 사람으로 한정된다.

하지만 혼자서 여행하면 현지 아이들이 다가오기도 하고, 식당에서 식사하는 중에도 누군가 말을 붙여온다. 한가한 현지인이 안내할 테니 따라오라고 하기도 하고, 때로는 자기 집에 밥 먹으러 오라고 권할 때도 있다. 내 경우엔 호텔을 취소하고 자기 집에 묵으러 오라는 사람도 있었다. 스스무 씨는 일본인 관광객과 여간해선 마주치기 어려운 동유럽 시골 마을에서 공예를 배우며 그곳에 살고 있는 일본인 여성과 알게 되면서 환대를 받았다.

이미 몇 년 동안 나 홀로 여행에 흠뻑 빠져 지냈던 스스무 씨는 이제는 예전 여행지에서 만났던 사람들을 몇 년에 한 번씩 정기적으로 다시 만나러 가곤 한다. "어이구, 이게 누구야, 어서 오시게." 하며 오랜 친구처럼 반갑게 맞아주는 외국인들의 푸근한 정을 결코 잊을 수 없다. 이 역시 직함이나 직업에 연연하지 않고 상하 관계가 아닌 '그저 초로의 싱글 남성'으로 다가가기 때문이 아닐까 싶다.

무력한 나와 대면하는 기회

외국에 나가면, 특히 말이 통하지 않는 나라에 가게 되면, 누구든 약자가 되기 마련이다. 의사소통이 잘 안 되고 별것 아닌 요구를 하려 해도 진땀이 난다. 누군가 도와주지 않으면 여행 자체가 힘들다.

자신이 아무런 힘이 없는 갓난아기처럼 느껴질 때, 보답 따위 전혀 기대하지 않는 누군가가 베푼 선의보다 더 기쁜 것은 없다. 언젠가 이 사람이 일본에 온다면 은혜를 꼭 갚으리라 다짐하지만, 지구 반대편에 있는 극동의 섬나라를 그들이 방문할 가능성은 거의 희박하다.

그렇기 때문에 해외에서 만나는 타인의 선의는 이해관계가 섞여 있지 않은 진정으로 순수한 마음의 선물이라 할 만하다. 그리고 그런 사람들은 어려움에 처한 이들에게 도움의 손길을 내밀기 때문에 그렇지 않아 보이는 사람에게는 말을 걸지 않을 것이다. 나는 몸집이 작고 게다가 여자라서 도움을 정말 많이 받았다. 스스무 씨도 언동이 부드럽고 강압적이지 않은 태도에 항상 미소를 띠는 사람이다.

나 홀로 해외여행은 '**무력한 나**', '**도움이 필요한 나**'를 경험하기에 안성맞춤인 훌륭한 훈련장이 아닐까 싶다.

남자 홀로 나이 듦의
10가지 방법

스스무 씨한테 한 수 배워 나도 '싱글 남성의 10가지 방법'을 생각해보았다.

남자 홀로 나이 듦의 10가지 방법

1. 의식주의 자립은 기본 중 기본
2. 건강 관리는 본인 책임
3. 술, 도박, 약물에 빠지는 것은 금물
4. 과거의 영광을 자랑하지 말 것
5. 타인의 말에 귀를 기울일 것
6. 사람과의 만남에 이해관계를 따지지 말 것
7. 이성 친구들에게 다른 마음을 품지 말 것
8. 다른 세대 친구를 사귈 것
9. 자산과 수입 관리는 확실하게
10. 여차할 때를 대비해 안전망을 준비해둘 것

---

1. 의식주의 자립은 기본 중 기본

싱글 남성에게 의식주의 자립은 기본 중에서도 기본이다. 특히 '식食'이야말로 생존의 기본이다. 365일 외식이나 중식만 해서는 영양 불균형이 오기 십상이고, 건강 관리도 되지 않는다. 밤샘을 하고 폭음 폭식을 하거나, '아침햇살' 같은 쌀음료만 마시면서 밥을 먹지 않거나, 아침을 건너뛰고 뛰어나가도 괜찮은 건 젊었을 때 얘기다. 규칙적인 생활을 하며 충분한 수면을 취하고 혼자 먹더라도 세 끼를 꼬박꼬박 챙겨 먹고 주변을 청결하게 유지하며 생활하자.

살아 움직이는 생물체로서 생활하는 기본을 소중히 하자는 것이다. 이렇게 가장 중요한 기본을 아내나 어머니에게 맡겨두고 몇 십 년 동안 살아왔다는 것은 도저히 믿으려야 믿을 수가 없는 일이다. 고독사한 남성의 사망 현장에서 천장까지 쌓인 편의점 빈 도시락 상자가 쏟아져 내렸다는 에피소드도 있지만, 이래서야 원 칠칠치 못한 자살 행위와 무엇이 다른지.

2. 건강 관리는 본인 책임

뚱뚱한 남성뿐만 아니라 고령의 남성 중에는 생활 습관에서 비롯된 병을 앓고 있는 사람이 많다. 고혈압이나 당뇨병, 간기능 저하 등으로 약을 달고 사는 만성질환자도 있다. 완치는 어렵더라도 병이 진행되는 것을 늦출 수 있는 다양한 약제가 시중에 나돌고 있다. 아내가 있을 때면 모를까 건강 관리는 싱글 남성 본인의 책임이라는 점을 명심하자.

병에 걸리면 결국 삶의 질이 떨어진다. 자기 자신을 위해 자기 몸 상태에 늘 신경 쓸 일이다. 그렇지 못했기 때문에 남성들이 과로사를 한다. 스스로를 과신하지 말고 자기 몸이 보내는 신호에 귀를 기울이면 '위험해!'라든가 '제발 그만!'이라는 사인이 분명히 들릴 것이다.

3. 술, 도박, 약물에 빠지는 것은 금물

괴로운 현실에 맞닥뜨렸을 때 거기서 일시적으로 도피할 수 있게 해주는 기벽에는 여러 가지가 있지만 과연 어떤 것에 빠지느냐는 데는 남녀 차이가 있다.

남성은 술과 도박, 그리고 여자이며, 여성은 과식이나 쇼핑이 많다. 여성도 술이나 섹스에 빠지는 경우가 있지만 술이나 섹스에 의존하게 되면 '여자 주제에'라는 둥 남부끄럽게 여긴다. 반대로 남성은 원래 '남자다움'의 아이템에 '주색잡기' 세 가지 세트라는 것이 있으므로 그런 것에 빠져도 저항감이 적다.

술고래에, 거금 도박꾼에, 색을 밝히는 엽색꾼이 '사나이 체면을 세워주는' 조건이라는 등 착각하는 사람도 있을 정도다. 나는 남자 쪽이 단연 현실도피적 성향이 강하다고 본다.

처음에는 약간의 적적함이나 괴로움을 달래기 위해 손을 뻗친 기벽에 결국 의존하게 되고 만신창이가 될 때까지 건강이나 생활이 파괴된다. 부질없이 죽음을 앞당길 뿐만 아니라 주위 사람까지 말려들어 애를 먹게 하니 지독한 민폐에 자폭 테러나 마찬가지다. 특히 싱글 남성의 경우 **바른말 해줄 사람이 주위에 아무도 없기에** 주의를 요한다. 전혀 하지 말라는 말은 아니지만 뭐든지 적당히 하는 게 좋다.

4. 과거의 영광을 자랑하지 말 것

고령의 싱글 남성 중에 가장 난처한 케이스는 자기 자랑을 늘어놓는 사람이다. 현재는 자랑거리가 없으므로 자연히 과거의 영광에 기대게 된다. 듣는 사람은 재미도 감동도 없는데 말이다.

원래 남성은 나이 불문하고 자기 자랑을 늘어놓기 좋아하는 편이다. 자기 말밖에 할 줄 모르는 경향이 있다. 애인이나 술집 호스티스라면 "지금 그 이야기 세 번째예요." 하며 경고하는 일 없이 "어머나, 당신 정말 최고예요." 하면서 들어줄는지는 모르겠지만 여자 쪽에 어떤 속셈이나 이해관계가 사라지는 날에는 **남자의 자기 자랑은 꼴불견**일 따름이다.

여자가 남자를 쥐락펴락할 때 '코털을 센다'라는 표현을 종종 쓴다. 남자 무릎에 기대 비스듬히 45도 위를 바라보면 시야 한가운데 남성의 콧구멍이 딱 들어온다. 여성이 이렇게 행동하는 경우는 두툼한 지갑에서 돈을 빼내고 싶을 때뿐이다.

요즘은 여성들도 쓸데없이 오래 참지는 않으므로 장사 요량으로 돈이라도 뜯어내려 한다면 모를까 남의 자랑을 끈기 있게 들어주지는 않는다. 남자들 모임에서도 과거의 경력에 기대는 사람은 주위에서 따돌림을 당하는 경향이 있다. **사람의 가치는 주위 사람이 말해주는 것**이지 자기 입으로 떠벌리는 것이 아니다.

5. 타인의 말에 귀를 기울일 것

위에 언급한 네 번째와 반대되는 것이 바로 이 조항이다. 자신이 설 자리를 찾고 싶다면 우선 '떠벌리는 쪽'보다는 '듣는 쪽'이 되어야 한다. 열심히 떠들어 '재미있는 사람'으로 생각해주는 경우는 한 순간뿐. 혼자 떠들기만 하면 주위 사람은 금세 질리고 만다. **대화가 끊기지 않게 하려는 마**

음에 **이것저것 떠드는 것**이 서비스라 **착각**하는 남성이 의외로 많다.

이와는 반대로 '말주변이 없어서' 침묵을 지키는 남성도 있다. "저희 남편은 과묵해서요." 하고 아내가 불평하는 이유는 남편의 침묵 때문이 아니다. 자신이 말하는 것을 들어주지 않기 때문이다. 이 사람이 정말 내 말을 듣고 있기는 하는 건가? 내 말을 이해하기는 한 건가? 하며 불안해지기 때문이다.

전에 '비非인기남'을 대상으로 '결혼 교실' 강사를 한 적이 있는데, 그때 '첫 대면한 여성과 30분간 이야기하기'라는 과제를 냈다. 어려운 과제는 아니었다. 상대의 이야기를 들어주는 것만으로도 30분이 훌쩍 지나간다. 게다가 호감도도 틀림없이 올라간다. 단, 진심으로 상대에게 관심을 보이는 것이 중요하다.

6. 사람과의 만남에 이해관계를 따지지 말 것

업무상 관계는 이해에 얽힌 관계다. 그러나 인생을 정년 퇴직으로 리셋한 후에는 이해 손실을 떠나 물 흐르듯 편안하고 자연스러운 만남을 즐기도록 하자. 권력욕이나 명예욕도 버려야 한다.

이해타산에 사로잡혀 계산이 깔려 있다면 상대는 금방 눈치챈다. 뒤집어 말하면, 이해나 손득이 없는 관계라 하더라도 당신이 상대에게 인정받는 경우는 순수하게 당신이라는 인물의 됨됨이가 상대의 마음에 들었기 때문이라 장담할 수 있다. 어떤 사람을 이용하기 위해 누군가에게 접근하지 말아야 하며, 당신을 이용하려는 그 누군가도 접근하지 못하게 해야 한다.

특히 재산이나 명예가 있는 경우라면 입에 발린 말로 당신에게 접근하는 사람들이 끊이지 않으리라. 그뿐 아니라 자식들이나 그 배우자들, 친척들도 당신을 이용하려 들 것이다. 특히 돈이란 모든 불화의 씨앗이다. 연대보증인 도장은 찍지 말 것. 돈을 빌려달라는 친구가 있다면 못 받을 각오를 하고 빌려줄 것. 그리고 앞서 나왔던 후지사와 씨의 충고대로 그 '친구'를 '지인' 카테고리로 내 마음속에서 변경하면 된다.

7. 이성 친구들에게 다른 마음을 품지 말 것

싱글의 즐거움 중 하나는 남녀 모두 배우자 이외의 이성과 떳떳하게 사귈 수 있다는 점이다. 이성 친구가 있다는 것은 인생의 즐거움 중 하나다.

특히 여성들은 싱글 남성을 가만히 두지 않기 때문에 이것저것 참견하거나 챙겨준다. 손수 만든 요리를 갖다준다든가 평상시에도 마음을 써준다든지 하면 고마운 마음으로 받아들이면 된다. 그때그때 감사의 마음을 솔직하게 표현하고, 헤어스타일이든 음식 솜씨든 뭐든지 여성을 칭찬하는 말에 인색하지 말자.

단, 이제 와서 '커플'이 되겠다는 마음은 버릴 것. 이제 번식의 계절은 지났다. 한 여성을 얻게 되면 다른 모든 여성은 떠나보내야 한다는 각오를 해야 한다. 특히 여자들 모임에 참가하는 경우 빼내가기는 금물이다. 멤버 전원에게 미움을 사게 된다.

모처럼 남녀를 떠나 다양한 친구가 많이 생겨 참 좋구나 했는데, 커플이 된다면 '가족 정년' 전으로 되돌아가고 만다. 그러면 다시 똑같은 생활을 되풀이할 수밖에 없다. 그룹 교제가 최고다.

8. 다른 세대 친구를 사귈 것

'노인네가 싫어서 노인복지센터에는 가고 싶지도 않다'고 말하는 노인이 많다. 다른 사람이 나이 먹은 것을 보면 나도 그렇겠지 하면서 알고 싶지 않아도 다 알고 느끼게 된다.

게다가 노인이 하는 이야기는 불평과 반복이 많아서 진절머리가 난다.

남성은 특히 같은 세대들과 있기만 하면 파워 게임을 내려놓지 못하고 '내 동기인 사사키 군은 말이야……' 하면서 무심코 자신과 비교하는 습성이 있다.

노후에는 개인차가 두드러진다. 배우자가 있는 동년배 남성에게서 동정 섞인 눈길을 느끼는 것에도 부아가 치밀고 살림살이나 명예 따위를 비교당하는 것도 딱 질색이다.

그런 점에서 세대가 다르면 파워 게임에서는 해방된다. 영화 같은 데서 자주 나오는 장면이 할아버지 연령대 세대와 손주 세대가 교류하는 모습이다. 아버지와 아들 같은 수직 관계에서는 갈등이 생기기 쉽지만 삼촌과 조카처럼 **한 다리 건넌 3촌 관계는 비교적 원만한 편**이다. 아들과는 사이가 좋지 않아도 아들 나이 또래의 다른 사람들과는 잘 지내는 남성도 있다. 게다가 세대가 다른 친구에게서는 다른 문화를 접할 수 있다. 새로운 컴퓨터 사용법을 가르쳐주기도 하고, 서브컬처(특정 집단이나 세대에 맞는 독특한 문화—옮긴이) 정보를 알려주기도 한다.

단, 가르친다든지, 이끌어주려 한다든지, 설교하는 것은 금기다. '가르친다'는 것은 상대에게 '배울' 마음이 있을 때만 성립하는 행동임을 가슴속에 새겨둘 필요가 있다.

9. 자산과 수입 관리는 확실하게

일본의 남편들은 가계 관리권을 아내에게 위임한 사람이 의외로 많다. 이는 세계적으로도 보기 드문 현상으로 '일본의 아내는 남편에게 시달린다고들 하지만 실제로 가정에서 실권을 쥐고 있는 쪽은 아내'라는 말을 자주 하는 까닭이 바로 여기에 있다.

개중에는 자산 관리까지 아내에게 전부 맡겨놓은 채로 지내다 언젠가 정신을 차리고 보니 집이 한 채 지어져 있더라는 남성도 있다. 더 대단한 케이스로는 맞벌이를 하는 아내가 살림살이에 들어가는 가계 비용은 전부 남편 수입으로 꾸려나가고 자신의 수입은 재테크를 했는데, 이혼을 하고 보니 아내 명의의 집이 따로 있더라는 실례마저 있다. 남편이 가계 관리를 하지 않는 이유는 일본 남성이 돈에 너그럽고 관대하기 때문이 아니라, 적은 급료로 살림살이를 꾸려야 하는 책임을 억지로 아내에게 떠맡기고 있는 것뿐이다. 책임 회피인 경우가 많다는 얘기다.

자산과 수입의 관리는 스스로 하고, 군침 도는 투자나 자식들로부터의 주택담보대출 권유 등의 꾐에는 넘어가지 말도록 하자. 와병 상태가 되어서도 다른 사람 신세를 지며 살아갈 수 있는 금액을 미리 계산하여 장례와 장묘 비용을 남기고, 나머지는 자신을 위해 쓰도록 하자. 또한 적은 금액이라 하더라도 유산 상속 문제로 유족이 다투지 않게끔 확실하게 자신의 의사를 밝힌 유서를 써두는 것이 좋다.

10. 여차할 때를 대비해 안전망을 준비해둘 것

그래도 역시 언제 무슨 일이 벌어질지 모르는 것이 싱글의 삶이다. 싱글 여성들은 입원에 필요한 물품을 준비해두거나 비상연락망을 만들거나 하면서 긴급 사태에 대비하고 있다. 유비무환有備無患. 세세한 일까지 마음을 써 미리 챙겨둬서 해가 될 일은 조금도 없다. 오히려 보고 싶지 않다, 듣고 싶지 않다, 생각하고 싶지 않다며 회피하는 쪽이 난처해지는 법이다.

귀중품 처리 장소나 긴급 시 연락처 목록 등은 눈에 잘 띄는 곳에 두도록 하자. 의식 불명으로 병원에 실려 갈 경우도 있을지 모르니 혈액형, 과거의 병력, 현재 복용약 목록, 복용약의 알레르기 반응 유무 등을 잘 메모해 준비해두자.

무엇보다도 몸 상태가 이상하다고 느꼈을 때 스스럼없이 연락할 수 있는 상대를 몇 명 확보해두는 것이 중요하다.

물론 여차할 때는 119로 구급차를 불러줄 사람도 있겠고, 또 많은 자치단체가 독거노인을 위해 긴급 통보 장치를 설치해두고 있긴 하지만 이 정도의 별것 아닌 일을 가지고 버튼을 눌러 대소동이 인다면…… 하는 마음에 망설여져 버튼에 선뜻 손이 안 가게 되기 마련이다.

그보다는 '어째 좀 이상한데' 하고 느꼈을 때는 **불안을 호소할 친구가 여러 명 있는 편이 좋다.** 전화를 걸었더니 야밤에 차를 타고 쏜살같이 달려와 강제로 끌고 병원에 데리고 가준 덕분에 목숨을 건졌다는 이도 있다. 의식불명으로 졸도하는 상황까지 치닫기 전에 몸은 어떤 식으로든 사인을 보내는 법이다. 그때 그게 말이지…… 하며 나중에서야 생각이 짚이는 이유는 몸이 보내는 신호를 무시하는 경향이 있기 때문이다.

마지막으로 가령 혼자 살더라도 **하루에 한 번**이나 혹은 **며칠에 한 번은 연락**하거나 만날 수 있는 인간관계를 꼭 만들어두자. 친구가 아니더라도 데이케어 직원이든 도우미든 혹은 이웃사람이든 가게 점원이든 다 괜찮다. "어라, 그 사람 오늘 무슨 일이 있나?" 하고 뭔가 수상쩍게 여기게끔 하자. 집에서 홀로 죽는 것도 좋다는 각오는 되어 있다. 그러나 발견이 늦어져 주변에 민폐를 끼치는 것만은 막아야 하지 않겠는가.

현재 전기포트의 뜨거운 물을 사용하는 상황이나 가스 이용 상황 등의 정보를 멀리 사는 자식들에게까지 전해주는 서비스도 나와 있지만, 멀리 사는 자식보다는 우선 가까이 사는 타인이 낫다. 게다가 자신의 거동 하나하나가 자식들에게 전해지는 것은 아무리 부모 자식 사이라지만 사생활 침해라 싫다는 사람도 있다. 어떤 고령자는 읽지도 않는 신문을 매일 구독하고 있다고 한다. 여차할 때 신문 배달원이 쌓여 있는 신문을 발견하면 신고해주기를 바라는 마음에서란다.

싱글 남성을 경험한 적이 없는 내가 이런 식으로 설교조의 말을 늘어놓는 것에 대해 거부감을 느끼는 사람도 있을 것이다. 하지만 우리 여자들은 '싱글 남성은 이런 점이 싫다'든가, '이런 점 때문에 안 된다'든가 하는 정도쯤은 잘 알고 있다. 이 외에는 독자 여러분께서 자신만의 버전을 추가해보기 바란다.

제4장

돈으로 —— 돌봄을 살 수 있을까

싱글 남성의
주머니 사정

돈 문제에 관해서라면 특히 싱글 여성과 싱글 남성의 노후 생활은 확연히 다르다. 고령인 싱글 여성의 가장 큰 문제는 빈곤이다. 80대 이상 여성의 빈곤율은 55.9%인 데 비해 같은 세대 남성은 42.6%다(2007년 국민생활기초조사).

그도 그럴 것이 여성에게는 무無연금, 저低연금에 해당하는 사람이 많기 때문이다. 생활보호대상자(기초생활수급자) 비율도 높다. 이 세대 여성들 중에는 수입이 없는 이들이 많았으며, 더군다나 이 정도로 오래 살 거라고는 전혀 예상도 하지 못했을 것이다.

지방에 사는 싱글 남성에게도 빈곤은 역시 커다란 문제다. 이들 세대는 농업이나 상공업 자영업자가 많고, 마찬가지로 저연금자나 무연금자가 많기 때문이다. 설상가상 고립이나 고독, 은둔형 외톨이 같은 문제도 있다. 원래 고령에 싱글이 되는 경우는 아내보다 오래 살기 때문이다. 따라서 본인이 평균수명보다 장수할 가능성이 높기 때문에 동료나 친구들을 하나둘 먼저 떠나보내게 된다.

평균수명에 다다랐을 때 대개 그 나이의 사람들 반수 정도가 저세상으로 간다고 봐도 무방하다. 싱글이 될 확률이 높은 것은 살아남은 절반의 사람들이다. 오래 살면 살수록 친한 벗이 먼저 가는 슬픈 고통을 느끼는 쪽은 살아남은 사람들이다. 그러나 '남자의 우정'을 제아무리 소중하게 여겨왔어도 위기에 몰린 최후 순간에는 그다지 도움이 못 된다는 사실은 이미 앞에서 언급했다.

연금 부자는 극히 일부, 싱글의 얇은 주머니 사정

사실 남녀 불문하고 고령자의 주머니 사정은 그다지 두둑하지 않다. 그도 그럴 것이 70대 이상 세대에 자영업자 비율이 꽤 높고 이들은 국민연금을 내왔지만 수령액 총액이 한 달에 약 60만 원 정도로 적기 때문이다. 부유층은 기초연금에 추가연금까지 받는 고령자들이다. 이들 부류는 정년퇴임한 공무원이나 대기업 월급쟁이들이지만 동세대 인구의 3% 정도밖에 안 된다. 매년 부부 동반으로 해외여행을 간다든지 손주들에게 넉넉한 용돈을 쥐여주는 부러움의 대상이 되는 계층이지만 그 수는 그리 많지 않다.

파견직 해고자라고도 할 수 있는 '로스제네'('로스트 제너레이션'의 준말. '잃어버린 세대'을 뜻한다. 대학을 졸업하면서 취업난을 경험한 데서 연유되었다―옮긴이) 젊은이들이 원망과 비난을 쏟아내는, 일전 한 푼 내지 않고 노령복지연금을 수령하는 이른바 '연금 무임승차식' 노인은 고령자 중에서도 극히 일부에 지나지 않는다.

그렇다손 치더라도 고졸이나 대졸로 월급쟁이 생활을 장기간 했고, 불황으로 구조조정 바람이 불어닥치기 전에 다니던 기업에서 무사히 정년퇴직을 했으며, 퇴직금 또한 하나도 깎이지 않고 수령했고, 근근이 유지되고 있는 후생연금을 수령하는 남성들의 노후 경제는 그래도 안정을 유지한다.

예를 들어, 이들은 부모한테서 집과 땅을 물려받지 않았어도 자신의 일생을 담보로 대출을 하고 정년까지는 대출금을 다 상환해 자기 집을 마련한 경우가 많으므로 대부분 자신 명의로 된 자산을 보유하고 있다. 세대주로서 대출을 받았던 연령은 평균 잡아 30대. 현재 고령자는 거품 경제기 때 땅값이 폭등하기 전에 자기 집을 취득했기 때문에 버블이 붕괴했다 하여도 자기 집의 자산 가치가 취득 가격을 웃도는, 분명 스톡게인(보유 자산의 가격 상승으로 생긴 이익)의 이득을 보고 있으리라.

거품 경제 광란으로 많은 사람이 혼쭐이 났지만, 그것에 편승해 힘들이지 않고 스톡게인을 얻었다는 점에서 이 세대는 버블로부터 달콤함을 맛본 소위 '공범자'들이다. 이 세대 사람들 중에는 거품 경제가 절정에 이르렀을 때 도쿄 시내의 40평 택지를 팔아 지방에 빌딩 한 채를 세워 노후 안정을 꾀한 이도 있다.

이 같은 싱글 남성이라면 경제적 문제는 없다. 아내를 먼저 떠나보냈어도 본인 연금은 줄지 않아 오히려 생활하는 데 여유가 돌 정도다. 곰곰 따져보면 부부가 함께 살 때 받는 연금액은 남편이 세상을 뜨면 4분의 3으로 줄어드는데, 아내가 먼저 간 경우에는 연금액이 그대로인 것도 어째 좀 이상하지 않은가. 이것만 봐도 싱글 남성과 싱글 여성의 생활비에 차이가 있다는 것을 알 수 있다. 싱글 여성은 싱글 남성보다 더 검소하게 살라고 명령받은 모양이다.

돈이 있어도 불안한 노후

어쨌든 싱글 남성의 유리한 부류(승자 집단)의 성공 요인에는 플로flow(연금)와 스톡stock(자산) 두 가지가 있다. 재테크에 성공한 사람이라면 대지 일부에 세를 놓을 주택이나 건물을 지어서 재차 추가 수입도 확보한다. 플로가 있으면 자식들에게 기대지 않아도 되고, 스톡이 있으면 나이가 들어도 자식들을 컨트롤할 수 있다. 마음에 내키지 않는 며느리와 결혼한 장남이 아닌, 교양은 없어도 심성 고운 며느리에게 장가 든 차남 부부에게 자신의 병구완을 부탁할 수도 있고, 재산을 남겨주려는 계획을 세울 수도 있다.

그러나 역 앞 땅값 비싼 주차장이라든지 수도권 안에 대지 딸린 단독주택 정도의 재산이라면 모를까, 스톡을 노리고 자식이 병구완을 도맡아 해줄 거라는 생각은 아예 하지 않는 편이 현명하다. 그렇다고 재혼해서 새로 얻은 아내에게 노후 뒤치다꺼리를 맡기려 해도 대출금을 다 갚은 맨션 한 채 정도의 재산에 눈독 들이는 여자는 없다.

게다가 혹여 여자가 마음이 있다 해도 노혼의 길에 가로놓인 '저항 세력'은 자식들이다. 재산이 있으면 있는 만큼 갈등이 일어나기 마련이므로 어렵사리 여성과 관계가 진전돼도 법적 결혼에 자식들은 결사반대다. 그런 반대를 무릅쓰고 강행하기란 어려운 일이다. 제대로 대처하지 못하면 자식들과 의절하는 경우도 생긴다.

사정은 그러하지만 황혼 결혼에 반대하는 자식들도 아버

지의 간병은 하고 싶어 하지 않는다. 이렇게 되면 해결점은 아버지와 관계 맺은 여성에게 법률혼이 아닌 사실혼을 해주길 바라며 아버지 병구완 후, 고생한 만큼 '사례'를 지불하는 선에서 깨끗이 물러나주기를 바라는 것이다. 전처, 다시 말해 자식들의 어머니가 잠든 묘지에 안치한다는 말 따위는 가당치도 않은 말이고.

그런데 마음같이 순조롭게 진행될까? 혹시 두툼한 돈다발 환심 공세로 여자의 마음을 사로잡는다면 또 모를까, 그 정도까지 홀대당하는 처지를 여성이 감수하리라고는 생각하지 않는다. 어지간한 부자가 아닌 이상 서민 남성에게는 그런 선택지가 없다고 생각을 접는 편이 나을 것이다.

재택 간병은 반드시 아내의 몫일까?

집에서 최후까지 정성 들여 간병을 해줄 수 있는 경우는 상대가 아내이기 때문에 가능한 얘기다. 1장에서 소개한 사사타니 씨 재택 간병을 혈연관계별로 간병 타입의 차이를 분석했다. 남편의 아내 간병이 '간병인 주도형 간병'이 되는 이치는 앞에서 언급했다. 그렇다면 아내의 남편 간병에는 어떤 특징이 있을까? 대부분의 기혼 남성은 아내의 간병을 받으며 저세상으로 갈 수 있으리라 생각해서 그것이 당연한 간병이라 여기겠지만, 이것 역시 부부 둘만의 세대가 늘어난 이후 생긴 새로운 현상이다.

고령화한 부부 세대에는 부부가 함께 있는 동안에는 가급적 자식 세대에게 부담을 주지 않으려고 이를 악물고라도 부부지간에 서로 보살피고자 하는 암묵의 약속이 맺어지고 있다. 그렇기 때문에 남편의 아내 간병도 늘어났다.

연령순으로 말하자면 당연한 듯한 아내의 남편 간병도 부부간 간병의 산물이다. 남편이 간병이 필요한 상태가 되었을 때는, 어지간하게 젊은 아내와 결혼한 경우가 아닌 이상, 아내 쪽도 꽤 나이가 들었을 터이다. 그래서 부부간 간병에는 70대 아내가 80대 남편을 간병하는 이른바 '노노_老_老 간병'의 경향이 있다.

그뿐만 아니라 간병은 '**체중과의 싸움**'이라는 말이 있다. 남편의 아내 간병과 아내의 남편 간병의 차이는 바로 '체중' 차이다. 정말이지 우스갯소리가 아니다. 욕창이 생기지 않도록 자세를 돌려주는 데도, 또 아침에 침대에서 일으켜 휠체어로 이동하는 데도, 간병을 받는 사람의 체중이 무거우면 중노동이다. 전문 간병인들 사이에도 요통이 직업병이 될 정도다. 특히 고령의 여성은 호르몬 변화 탓에 골밀도가 저하되어 있어서 뼈가 약하다. 골절이라도 당하게 되는 날이면 도리어 간병하는 쪽이 치명적일 수 있다.

독재자 아버지는 애물단지 환자

아내의 남편 간병에서 또 하나의 특징은 간병받는 남편이 중증의 경향이 있다는 점이다. 바꿔 말하면 견딜 수 있는 데까지는 집을 고집하며, 아내가 고생을 하며 수발을 들고, 시설에 들어가는 것을 본인이 좀처럼 내켜하지 않기 때문이다. 개중에는 간병 도우미가 집에 오는 것 자체를 싫어하는 남편도 있다. 아내나 딸 외에 자기 몸을 다른 사람이 만지는 것을 거부하는 남편도 많다.

사치코 씨(52세)의 경우, 80세가 되는 아버지는 암으로 입원해 있으면서도 간호사가 몸에 손을 대는 것을 싫어했다. 그래서 아내와 사치코 씨 자매가 날마다 교대로 병원을 다녔다. 미식가였던 아버지가 병원 음식이 맛없다고 투덜거린 탓에 집에서 음식을 만들어 나르는 일도 여간 힘든 일이 아니었다. 하루하루 일상이 아버지 간병을 중심으로 돌아갔고 다른 일에는 손을 쓸 여유도 없었다.

병원 입원 중에도 가족 부담은 가중되고 많은 희생을 감수하면서도 병원에서는 귀찮은 환자로 취급받아 이래저래 고생스러웠다. 그도 그럴 것이 지금까지 독재자로 군림해온 아버지 뜻을 잠자코 따라주었기 때문인데, 아내와 두 딸이라는 헌신적인 3인방이 없었더라면 절대로 가능하지 않은 일이었을 것이다. 할 수 있는 만큼은 했지만 과연 이렇게 하는 것이 최선이었을까, 석연치 않다.

남편의 안색을 살피며 살아온 어머니는 오로지 '아버지가 원하는 대로 다 해주고 싶다'는 심정이었지만 사치코 씨 자매는 폭군이었던 아버지를 위해서라기보다는 이대로라면 어머니가 쓰러질 것 같은 걱정에 거들었을 뿐이었다. "아버지를 이렇게 만든 당사자는 바로 엄마잖아요."라고 말하고 싶은 마음이 굴뚝같았지만, 암 선고를 받은 후 상심하여 초췌하고 심란한 아버지의 모습을 바라보노라면 말문이 딱 막혔다. 아버지 병구완하고 나서 엄마가 안도의 표정을 지은 것 또한 분명한 사실이다.

제3자가 끼어들기 어려운 부부 간병

아내의 남편 간병은 서로가 서로를 간병해주는 '노노 간병'이 될 경향이 있는 것뿐만 아니다. 타인을 들이는 것을 꺼려해 가정의 밀실화도 높아지고 제3자가 적극적으로 개입하기도 어렵다. 가족 간병자들을 둘러싼 조사를 보면, 일단 주된 가족 간병인이 결정되면 기타 친족은 관여하지 않는 경향이 있다는 사실을 알 수가 있다. 부부간 간병의 경우 남편의 아내 간병에는 제3자가 개입하기 쉽지만, 아내의 남편 간병에는 아내의 고립도가 높다. 중증 환자 곁에서 24시간 체제로 보살피게 되면 외출도 마음대로 할 수 없다.

간병보험으로 도우미를 쓸 수 있을 경우라도 남편 곁을 잠시도 떠나려 하지 않는 아내도 있다. 쇼핑이나 우체국 용무 등은 잠깐 짬을 내서 허둥지둥 마치고 재빨리 돌아온다. 애정이 넘쳐서도 아니다. 그렇게 하지 않으면 남편이 언짢아하기 때문이다. 이처럼 부부간 간병은 공적 기관의 지원이 있다는 것을 알고 있으면서도 제3자의 개입이 어렵다.

아내 손에 달린 남편

이처럼 24시간 체제로 돌아가는 아내의 헌신이 남편에게는 과연 기분 좋은 일일까?

다케오 씨(78세)는 뇌경색으로 하반신 마비가 되어 재택 간병을 받는다. 아내는 하루 종일 자신 곁을 떠나지 않지만 심신이 매우 지쳐 있어 눈꼬리가 축 처져 있다. 발병 전까지 요직을 두루 거치면서 계속 밖으로 경제생활을 했던 다케오 씨는 아내를 끔찍이 위해왔다고는 말할 수 없으니 여태껏 아내의 헌신에 미안하기 짝이 없다. 자신을 사랑하기 때문이라 생각하고 싶어도 아무래도 그런 것 같지는 않고, 아내의 '본분'을 다해서 친척 중 어느 한 사람한테도 뒤에서 손가락질당하면 안 된다는 아내의 필사적 각오가 느껴져 섬뜩할 정도다.

욕실에서 넘어져 마비가 된 이후, 아내는 원래 고혈압을 앓던 다케오 씨를 목욕시키기가 두려워졌다. 게다가 아내 혼자서는 체격이 남산만 한 다케오 씨를 목욕시키기란 도저히 불가능한 일이다. 입욕 서비스를 사용할 수 있는데도 이용하지 않고 줄곧 따뜻한 물수건으로 몸을 깨끗이 닦아줄 뿐이다. 언젠가는 뜨거운 물 가득한 욕조에 느긋하게 몸을 담가봤으면 싶지만 그런 말을 해도 거절해버린다.

도우미가 오면서부터 짧은 시간이지만 아내는 외출할 수 있었다. 젊은 도우미가 "다케오 씨 목욕할까요?" 하면서 "괜찮아요, 제가 도와드릴게요."라는 말까지 한다. 아내에게 말한다면 결사반대할 일이다. 저항한들 별 뾰족한 수가 없으므로 체념이 앞선다. "부인이 안 계실 때 목욕을 시켜드리고 싶지만……." 이런 제안도 했지만 아내는 외출해서도 헐레벌떡 돌아오기 때문에 그럴 여유도 없다. 아내는 다케오 씨를 자신의 관리 아래에 두지 않고서는 마음이 편치 않은 모양이다.

과거의 갚은 원망이 노후에 부메랑으로

아무리 사회적 지위가 높았던 사람이라 하더라도 간병을 받아야 할 때가 되면 간병인 관리 아래 놓이는 '약자'가 된다. 다케오 씨도 남들 눈에는 헌신적인 아내가 보살펴주는 행복한 남편일 것이다. 그러나 아내 쪽에서는 아내대로 어쩔 수 없이 남편을 간병해야 하는 피해자라 생각할지도 모를 일이다. 부부간 간병, 특히 힘의 관계가 역전된 아내의 남편 간병은 어느 쪽이 강자이며 어느 쪽이 약자인지 분간할 수 없는 복잡하게 뒤얽힌 문제에 직면하게 된다.

제3자의 눈에 띄지 않는 이런 밀실 상황의 간병에서는 간병학대도 일어난다. 특히 부부지간에는 "그때 당신은 말이야……" 하면서 과거의 갚은 원망이 플래시백 되는 것을 각오해두는 게 좋다.

트라우마의 원인은 크게 두 종류다. 하나는 불륜이지만, 다른 하나는 육아기 때 비협력. 본인은 기억하지 못하나 흥분해서 휘두른 폭력 등도 트라우마가 된다. '뭐 그 옛날 일을 가지고……' 이런 식으로 항변해봤자 소용없다. 그 당시 원망이나 불만을 꾹 참은 것만큼 입은 상처는 치유되지 않은 채 어제 일처럼 생생하게 시도 때도 없이 되살아나는 것이 트라우마라 생각해두는 게 마음 편하다.

장차 아버지가 될 젊은 남성들에게 내가 항상 경고하는 말이 있다. 난생처음 엄마가 된 긴장과 스트레스 상태에 있는 아내가 어느 날 밤에 쉬지 않고 보채며 울어대는 아이를 달랠 때 "시끄러워, 뚝 그치게 좀 못 해!" 하고 내뱉는다면, 그 말 한마디로 평생을 두고 원망을 들을 수 있으므로 조심해야 한다는 거다. 예전 아내와는 달리 요즘 아내들은 그런 말을 들으면 화가 폭발한다. "나 혼자 낳은 아이야?" 이렇게 말하고 싶은 심정이다. 어머니 세대라면 또 모를까, "육아는 당신 몫이잖아."라는 주장은 더 이상 통하지 않는다. 출산과 육아 비용이 꽤 많이 드는 요즘에는 아내가 '낳아줬더니만……' 하는 생각까지 한다.

　　유카 씨(33세)는 첫째 아이를 낳은 후 노상 울어대는 아이를 끌어안고 달래며 서투른 육아로 갖은 고생을 할 즈음, 남편이 자신과 젖먹이를 내버려두고 친구들과 스키 타러 간 일을 지금도 용서하지 못하고 있다. 원래 둘은 스키장에서 알게 된 사이였다. 자기만 남겨두고 간다니, 도저히 있을 수 없는 사건으로 여기는 이들이 요즘의 젊은 아내들이다.

"아버지, 죄송하지만 시설에 들어가세요."

　　사사타니 씨 조사로는 아내가 남편의 간병을 떠맡는 것

은 '딱히 간병할 사람이 없어서'이다. 요컨대 선택의 여지가 없는 간병인 까닭이다.

앞에서 언급한 친구인 사치코 씨의 예를 보더라도 아버지 간병에 딸들이 힘을 보태는 경우는 어머니의 간병을 지원하기 위해서다. 혹시 어머니가 먼저 돌아가셨다면 딸들이 지금까지 아버지에게 헌신했을지는 잘 모르겠다. "아버지 고집 좀 부리지 마세요. 간호사에게 해달라고 하세요. 우리도 바쁘다고요." 하면서 매몰차게 거절했을지도 모를 일이다. 아버지에게는 아내보다 딸들이 더 쌀쌀맞다고 미리 각오해두자. 하물며 며느리의 간병이야 애당초 기대를 걸지 말자. 아내가 존재하기 때문에 아내를 도우려 딸과 며느리가 도와주는 거라 생각하자.

이런 것조차 기대할 수 없는 이가 아내를 떠나보낸 싱글 남성의 현주소다.

그렇지 않다면 진작 딸이나 며느리나 "아버지, 좋은 곳을 찾았어요. 죄송하지만 시설에 들어가세요." 이런 말이 나왔으리라. 배우자를 먼저 보낸 싱글 남성과 싱글 여성 중에 가족이 시설 입주를 희망하는 경우는 싱글 남성 쪽이 많은 듯하다.

노인홈은
얼마나 들까

가족이 아무런 도움이 되지 못할 때 안심하고 최후까지 간병을 맡길 수 있는 럭셔리 노인전문요양원 같은 유료 노인홈에 들어가 하루 세끼 식사에 간병 딸린 시설에서 생활하려면 얼마의 돈이 필요할까.

종신이용권이 보장된 유료 노인홈이 눈에 띄게 증가했지만 처음 입주금이 모두 수천만 원대. 매월 이용료는 200만 원에서 300만 원 정도. 여기에 의료비와 간병비가 별도로 부과되면 죽을 때까지 한 5~6억 원은 들 것이다. 돈이 없으면 저승길도 맘 편히 건널 수가 없다.

최근에는 고령자 전용 임대주택이 증가하고 있다. 싱글용 주택을 지역 시세의 월세로 제공하고 케어를 별도로 제공한다. 이걸 이용하면 월 이용료가 160만 원 정도로 훨씬 저렴해진다. 하지만 연금이 이 액수에 미치지 못하는 사람도 많을 것이다. 그렇긴 해도 주머니 사정에 따라 메뉴가 다양해진 것은 불행 중 다행이다.

그러나 돈만으로 다 해결되는 것은 아니다. **고령자의 생활에는** 하드웨어인 **주택**과 소프트웨어인 **케어의 조화가 필수불가결**이다. 시설이나 규모나 입지는 분명 돈으로 살 수 있지만, 단언컨대 만족할 만한 케어는 돈으로 살 수 없다.

비싼 돈을 지불하고 유료 노인홈에 들어갔으나 입주자가 적어 경영난에 허덕이는 곳도 있으며, 이사장이 입주금을 갖고 달아난 곳도 있다. 간병이 필요한 상태가 되면 벼르고 별러 들어간 넓은 방에서 간병실이라 이름 붙인 협소한 다인실로 옮겨가는 경우도 있으며, 인지증에 걸리면 "다른 입주자들에게 피해를 주니 나가주십시오."라는 말을 듣기도 한다. 일단 케어가 시작되면 케어의 질에 불만이 있어도 쉽게 옮길 수도 없는 노릇이다. 또 처음 입주를 결정할 당시에는 간병이 필요치 않은 상태였기 때문에 어떤 케어를 해줄지에 대해서는 꼼꼼히 체크하지 않는다.

케어라는 서비스 상품에 관해서만큼은 가격과 품질이 비례하지 않는다는 사실은 역사가 가르쳐준다. 겉보기에는 호화로운 시설이라도 '구속'(손이나 몸을 포박하는 것) 같은 고령자 학대가 있다는 것은 익히 알려진 사실이다. 이유는 간단하다. **케어라는 서비스 상품**은 **이용자와 구매자가 일치하지 않기 때문**이다. 사업자는 뭐니 뭐니 해도 구매자 쪽으로 기울어버리기 마련이다.

구매자는 누구인가? 바로 가족이다. 고령자를 시설에 들여보낸 가족에게 최대의 서비스는 고령자를 집에 돌려보내지 않는 것이다. 요컨대, 시설이란 오가사와라 가즈히코가 쓴 논픽션 『출구 없는 집』[39]이란 제목처럼 대다수의 고령자들에게 한번 들어가면 죽기 전에는 나올 수 없는 장소다.

외관의 화려함이나 값비싼 이용요금 등은 고령자를 산에 내다 버린 가족들이 느낄 양심의 가책에 대한 일종의 보상 심리와 관련 있다. 값비싼 만큼 고마운 마음이 크게 느껴지는 것은 효과가 있든 없든 노화 방지 화장품이 팔리는 것과 마찬가지 이치다. 마음이 맞지 않는 어머니를 고액의 시설에 집어넣은 그림책 작가 사노 요코 씨는 "나는 엄마를 돈으로 버렸다."라고 솔직하게 고백한다.[40]

서비스 질을 판단하는 척도는?

사실 노인홈의 서비스 질을 측정하는 척도는 어디에도 없다. 현재 서비스 질을 재는 기준은 이용자 몇 명에 대해 직원(상근 직원) 1명이라는 수치 외에는 없다. 몇 명의 직원을 배치하는지 정도가 기준이 되며, 그 직원이 제공하는 케어의 질이 어떤지는 실제로 받아보지 않으면 알 수가 없다.

경험이 많은 베테랑 직원인지, 정규 직원으로 안정 고용을 확보한 상태인지, 야근 부담이 막중하지 않은 근무체제인지 등등 케어의 질에 관한 것이라면 직원 배치뿐 아니라 시설 직원의 이직률, 평균 근속연수, 정규 직원이 차지하는 비율, 야근 빈도 등이 측정 척도가 된다. 흡족할 만한 서비스 질의 조건을 갖추기가 어렵다. 한쪽이 괜찮으면 다른 한쪽은 미흡하기 마련이다. 성과급으로 수입이 정해져 있는 간병보험제도 아래서 융숭한 직원 배치를 하고자 한다면 인건비를 줄이는 수밖에 없다. 상근을 줄이고 비상근을 늘리면 인건비는 저렴해진다. 그러나 비상근 직원은 정착률이 낮고, 근속 연수가 짧고, 야근이 불가능한 경우가 많다. 그렇게 되면 그 여파는 인원이 적은 정규 직원에게 돌아온다.

만족할 만한 서비스란 결국 이용자가 원하는 케어를 말하지만, 그것을 실현하고자 하면 개별 케어가 이상적이다. 독실 케어가 그 전제다. 그러기 위해서는 북유럽에서 이미 실현되고 있는 환자 한 명에 직원 한 명이 배치되는 일대일 원칙이 지켜져야 하지만, 일본에서는 아직 꿈 같은 일이다.

하지만 말기에 안심하고 지낼 수 있는 시설이 있다면 병원에서 퇴원할 수도 있고 가족의 부담도 덜어줄 수 있다. 집중케어가 필요한 최후를 안심하고 보내는 요금으로 생각한다면 비싼 걸까, 싼 걸까.

타인과의
적당한 거리는

옛날 농촌 일본 가옥에서는 밭 전(田) 자형으로 배치된 집 안의 골방처럼 좁은 방에 이불을 가지런히 펴고는 가족이 다 함께 뒤섞여 잤다. 야밤에 방 안에 몰래 숨어 들어온 청년이 칠흑 같은 어둠 속에서 큰딸과 작은딸을 구별하지 못하고 사랑을 나눴다는 웃지 못할 얘기가 있을 정도다.

오카야마岡山의 한 대학에서 '가족을 뛰어넘는 거처'라는 주제로 강연했을 때의 일이다. 자기 집 평면도와 잠자는 가족의 모습을 그려 오라는 과제를 내주었는데, 놀랄 만한 답이 돌아왔다.

부부와 성인이 된 두 딸, 즉 4인 가족이 전부 한 방에 모여 잠을 잔다니. 주택 환경이 양호한 오카야마에서는 가족 수보다 방 수가 더 많은 집도 드물지 않다. 그런데도 마치

개나 고양이처럼 모여서 몸을 맞대고 잔다니 이건 무슨 일일까 해서 놀랐지만 내막을 들어보니 그 방에만 에어컨이 있어서 여름이면 다른 방에서는 더워서 잘 수가 없기 때문이라 한다. 그렇다 하더라도 처음부터 가족이 다 함께 뒤섞여 자는 데 저항감이 없었던 모양이다.

어렸을 때부터 자기 방에서 자란 요즘 아이들은 성장해서도 가족이 다 함께 뒤섞여 자는 데는 익숙하지 않다. 신혼부부라도 상대에게 신경이 쓰여 침실을 따로 쓰는 사람들도 있다. 사이가 나쁜 것도 아니고, 섹스리스sexless여서도 아니다. 침대를 함께 쓰는 경우는 섹스 할 때뿐이고 잠잘 때는 각자다.

가만 생각해보면 침실이라는 것이 섹스용과 침대용을 겸하는 것 자체가 잘못된 것인지도 모른다. '동상이몽同床異夢'이라지만 사실 둘이 있으면 '이상이몽異床異夢'이 당연하다. 그런 편이 잠도 푹 잘 수 있다. 원래 섹스용과 침대용은 별개 용도이므로 공간을 나누는 것이 이치에 맞다.

타인과 어느 정도의 거리를 두고 지내는 것이 좋은지는 사람마다 제각각이다. 체온을 느낄 수 있는 거리가 좋다는 사람도 있고, 칸막이가 하나 간격이 좋다는 사람도 있다. 아니지, 칸막이나 장지로는 불안해 벽 하나 정도 거리가 좋지,

아니야 위아래 층으로 소리가 들릴 정도가 좋을지도……
등 다양하다.

이혼 후 미국의 시골 외딴집에서 홀로 사는 남자 친구를
방문했을 때 일이다. 2층 방 하나를 내게 내주어 며칠을 묵
었다.

"평온한 독신남의 세계를 방해해서 미안."이라고 하자 그
는 내게 이렇게 말했다.

"위층에 흑발의 낌새를 느낄 정도이니 딱 좋아."

위트 넘치는 대꾸였다. 금발이 오든 흑발이 오든, 흑발을
금발로 바꿔 같은 말을 하겠지.

1인실이냐, 다인실이냐

간병시설에 전실 독실인 유니트케어를 도입했을 때 유니
트케어는 안 된다며 극구 비판한 간병업계의 카리스마가
있다. 이학요법사理学療法士인 미요시 하루키三好春樹 씨다.

미요시 씨는 노인들은 독실 따위 원치 않으며, 여러 사람
과 마음을 나눌 수 있는 다인실이 훨씬 마음이 편하고, 특
히 자아의 경계가 허물어져가는 인지증(치매) 노인을 독실
에 살게 하는 것은 당치도 않은 일이라고 주장했다. 또 노
인을 독실에 넣자고 하는 이들은 근대주의에 오염된 스웨

덴 물을 먹은 인텔리들뿐이라고도 했다.

그러나 이 주장은 현재 미요시 씨가 상대하는 70~80대 일본인에게는 통할지는 몰라도, 장차 그다음 세대에게는 어떨지 모르는 일이다.

2003년에 전실 독실인 '특별요양'을 추진한 후생노동성은 2005년 '재검토'에서는 독실 이용자로부터 방값을 징수하게 했다. 그 결과 독실에서 다인실로 되돌아가신 어르신들도 있다. 가족이 경비를 부담하지 못한다는 것이 이유였다. 아무튼 월액 경비가 별안간 한 자릿수 뛰어올랐기 때문이다.

실제로 유니트케어를 도입해보니, 처음엔 적응하지 못했던 사람도 익숙해지니 독실의 만족도를 높게 평가했다. 다인실과 독실 양쪽을 다 경험한 이용자 중 처음 있던 다인실로 돌아가고 싶다는 사람은 거의 없었다.

조사를 보면 독실의 경우가 직원과 입주자와 대화도 늘고 화제도 간병에 국한되지 않고 다양했다. 가족 방문 횟수도 늘고 체류 시간도 길어졌다. 독실은 이용자나 가족 모두에게 만족감을 안겨주었다.

미요시 씨는 인지증 환자에게 독실은 맞지 않는다는 주장을 폈지만 스웨덴에서는 중증 인지증 환자에게도 독실이 기본이다. 스웨덴에서 가능한 일이 일본에서 불가능할리 없다. 미요시 씨가 말하는 이른바 '스웨덴 물을 먹은' 건축가로 일본에 유니트케어를 들여온 인물인 고故 도야마 다다시外山義 씨의 연구를 보면 다인실의 어르신들이 사이가 좋다고는 단정할 수 없다. 얇은 커튼을 사이에 두고 이웃하며 지내는 4인실의 어르신들은 서로 눈도 마주치지 않으려고 등 돌리고 앉았고, 대화도 적었다고 한다.

도야마 씨가 시설에 입주한 인지증 어르신을 조사할 때의 일이다. 공간 감각을 조사하기 위해 "여기가 어디입니까?" 하고 묻자 "여긴 학교입니다."라는 대답이 돌아왔다.

그 말도 일리가 있지 않은가. 넓은 복도에 쭉 늘어선 교실 같은 방, 그 방 안에 가득 쑤셔 넣은 어르신들, 실수라도 하는 날에는 바로 질책이 날아올 것 같은 직원들…… 그렇지, 학교처럼 보일 것이다. 인지증 환자의 상상력을 얕봐선 안 된다!

무릇 아이들이란 학교에 그다지 좋은 감정을 갖고 있을 리 만무하다. 나도 마찬가지다. "여기는 학교입니다."라고 대답한 어르신이 좋은 의미로 그렇게 말했으리라는 생각은 들지 않는다. 인생의 최후를 또다시 재미없는 학교에 수용되어 살아야만 한다면 참으로 딱한 노릇이 아닌가.

돌봄을 받을 수 있는 주거 형태

케어 딸린 주택이나 간병 딸린 유료 노인홈은 주거(하드웨어)와 케어(소프트웨어)가 세트로 되어 있어 안심할 수 있다는 사람도 있지만, 오히려 분리할 수 없어 불편한 경우도 있다.

간병보험 덕분에 케어는 전국 어디서든 어떤 업자의 서비스를 이용하더라도 똑같은 가격의 공정 요금이면 된다. 이 말은 사업자 측에서 보면 같은 조건의 성과급으로 시장에 평등하게 참가하여 여타 사업자와 경합하면서 이용자에게 선택받는 식이다. 그러나 실제로는 서비스 제공 사업자 분포는 지역차가 큰 데다가 선택이고 뭐고 할 만한 선택지가 없으며, 케어 딸린 시설에 한번 입주하고 나면 외부의 서비스가 있다 하더라도 선택할 수 없는 경우가 생긴다.

실제로 같은 조건으로 사업을 진행하는데도 질 좋은 케어를 제공하는 사업소와 그렇지 않은 사업소 사이에 격차가 있다. 이용자 측에서 보면 '뭐야, 똑같은 요금을 지불하고 있는데……'라는 생각도 들겠지만, 실제로 다양한 서비스를 받으며 장단점을 비교해가며 경험한 이용자들은 적기 때문에 지금 내가 받고 있는 서비스에 불만이 있더라도 참을 수밖에 없는 실정이다.

서비스를 비교하고 선택하는 시스템

가나가와현 아쓰기시에 있는 비영리법인인 MOMO가 경영하는 케어 딸린 공동주택인 '포포로'의 사고는 독특하다. 경영이 기운 기업의 독신자 숙소를 빌려서 배리어프리(barrier-free. 고령자나 장애인들도 살기 좋은 사회를 만들기 위해 물리적·제도적 장벽을 허물자는 운동. 1974년 국제연합 장애인생활환경전문가회의에서 '장벽 없는 건축 설계'에 관한 보고서가 나오면서 건축학 분야에서 사용되기 시작하였다. 이후 일본, 스웨덴, 미국 등 선진국을 중심으로 휠체어를 탄 고령자나 장애인들도 일반인과 다름 없이 편하게 살 수 있게 하자는 뜻에서 주택이나 공공시설을 지을 때 문턱을 없애자는 운동을 전개하면서 세계 곳곳으로 확산되었다―옮긴이)로 개조하여 독신자용 주택으로 만들었다. 여기에 고령의 독거노인이나 장애가 있는 1인 가구가 입주해 있다.

한 달 비용은 집세 29만 원에 관리비 90만 원과 식비 56만 원으로 총 175만 원. 한 건물에 간병 시스템을 설치하고 케어를 제공하고 있지만 입주자에게 케어를 받도록 강제하지 않는다. 간병이 필요한 입주자에게는 외부 케어 매니저가 붙어 있어 개별 수요에 적합한 **특별 주문형 플랜**을 구상한다. 케어 매니저가 영업소 소속이 아닌 것이 마음에 와닿는다. 도시에 있으므로 케어 서비스를 제공하는 그 밖의 민간 사업자의 선택지가 여러 가지 있다. 이용자 주변에는 외부 사업소에서 온 다양한 도우미들이 와서 도와준다. 자기들이 제공하는 서비스를 이용하면 좋겠지만 다른 사업자와 비교하여 선택해준다면 고마운 일이다. 주거(하드웨어)와 서비스(소프트웨어)가 시설 안에서 끝나지 않도록 소통이 잘 이루어지는 시스템을 구상하고 있다. 그런 마음가짐에 감동했다.

'비교해서 선택하는' 조건을 가능하게 만드는 것은 자신들의 케어에 상당히 자신이 있기 때문일 거다. 이렇게 말하자 대표인 마타키 교코又木京子(60세) 씨는 쓴웃음을 지었다.

"그렇지 않아요, 우리 서비스에 자신이 없기 때문에 다른 사람을 불러들여 감시받고자 하는 거랍니다."

이용자를 한 사람이라도 더 포섭하려고 갖은 애를 쓰는 간병보험 사업자들의 입에서는 결코 나올 수 있는 발언이 아니다.

밀실화되고 있는 시설의 불안함

그런 점에서 보면 2006년에 후생노동성이 모델 사업에 지정한 '소규모 다기능형 간병시설'은 포괄계약정액제임에도 문제가 많은 사업이었다. 데이케어뿐 아니라 쇼트스테이(단기 체류), 홈헬프(재택 지원), 터미널케어까지 여러 기능을 떠맡고, 정액제 안에서 한도 없는 서비스를 제공해야 하는 제도였다. 이 정도 서비스를 무제한으로 이용한다면 사업자는 견뎌내기 어려울 것이다.

설상가상 이 제도에는 치명적 결함이 있었다. 한 사업소에서 모든 서비스를 책임지기 때문에 매니저를 사업소 소속으로 한정한 것이다.

케어 매니저 제도는 사업자와 이용자를 연결해준다는 발상에서 만들었기 때문에 제도로서는 바람직했지만 실제로는 케어 매니저가 사업자에 소속되는 것을 묵인하는 바람에 케어 매니저의 중립성이 훼손되고 사업자로 유도되는 점에 대해 초기부터 문제가 지적되어왔다.

사업소 소속의 케어 매니저가 딸린 포괄계약에서는 그 사업소에서 어떤 케어가 이루어지는지를 감시하는 제3자가 전혀 없는 상황이다. 현실에서 케어의 질도 알 수가 없을 뿐 아니라 정액의 상한선에 맞춰 이용 억제가 자행되고 있다는 보고도 있다.

특히 '소규모 다기능형'에서는 정원이 적기 때문에 밀실화하기 쉽다. 일단 포괄계약 등으로 묶여버리면 서비스도 선택하기 어렵고 불만을 내색하기도 힘들다. 외부의 시선도 미치지 못한다. 후생노동성 공무원은 대체 무슨 생각으로 있는 건지 모르겠다.

집에서
나 홀로 아플 때

가족이 있는데도 집에 있을 수가 없다. 특히 싱글 남성이라면 가족에게도 처치 곤란이다. '차라리 가족이 없었다면 좋았을걸' 하게 되는 것은 바로 이런 경우다. 내게 집에서 나가달라고 말하는 사람은 한 사람도 없다. 그냥 내버려둘 수 없기 때문에 시설에 들어갔으면 하고 바라는 사람도 없다. 싱글 남성의 좋은 점은 누구도 나 대신 의사 결정을 하는 사람이 없다는 것이다.

원래 간병보험이란 재택 지원을 이념으로 했다는 사실은 이미 언급했다. 그러나 처음 시작했을 때 초기 예상이 빗나간 것은 재택 지원 사업에 대한 수요보다 시설 입주 지향이 한꺼번에 몰렸기 때문이다. 간병보험은 국가정책으로 시행하던 때의 시설 입주가 늙은 부모를 산에 갖다 버린다는 오명을 반납하고, '중산층 가정의 자식 세대가 부모를 시설에 데려다 넣는 장벽을 낮추는 효과가 있다'고 비웃는 말까지 있을 정도였다. 간병이 '은혜에서 권리로, 조치에서 계약으로' 변화했다는 이른바 간병보험에서 시설 입주도 '이용자의 권리'가 되어버렸다. 그러나 이런 '이용자'는 본인이 아닌 한결같이 가족이었다. 왜냐하면 시설 입주를 **자진해서 선택하는 고령자는 거의 없기 때문**이다.

데이케어는 누구를 위한 것인가?

인구 20만의 지방도시인 K시 시장이 이런 말을 한 적이 있다.

"이곳은 간병보험 수요조사를 실시해도 데이케어(주간 보호)나 쇼트스테이(단기 체류) 희망자는 있지만 홈헬프 따위의 수요는 없답니다."

대체 어떤 사람이 수요를 조사한 걸까? 이 조사에서 '이용자 수요'인즉슨 가족의 수요를 말한다. 데이케어나 쇼트스테이에 수요가 몰리는 이유는 가족들이 잠깐만이라도 집에서 나가줬으면 하고 노인에게 바라고 있다는 증거이다. 고령자 당사자의 수요라고만은 말할 수 없다. 나와 함께 『당사자 주권』[41]을 쓴 신체장애인인 공저자 나카니시 쇼지 씨는 나보다 더 과격하다. 데이케어고 쇼트스테이고 다 필요 없다고 주장한다. 왜냐하면 이용자 본인의 희망사항에는 두 가지 다 들어 있지 않기 때문이다. 데이케어든 쇼트스테이든 집에서 나가만 준다면 가족이 안심하고 쉴 수도 있고 외출도 할 수 있고 누군가가 돌봐주니 안심이라는 수요에 보답할 뿐이다. 굳이 증거를 대자면 **스스로 내켜서** 데이케어나 쇼트스테이 **시설에 가고 싶어 하는 고령자는 거의 없기 때문이다.**

데이케어도 데이케어 나름인데 '가는 게 즐겁다'는 고령자도 없지는 않지만 그렇다손 치더라도 처음에는 달래거나 비위를 맞추거나 하면서 가족이 데려가기 마련이다. '그냥 한번 가보지 않을래요?'로 시작해서 1박 2일로 또 2박 3일로 날수를 늘려가며 적응하기를 바라게 된다. 보육원과 마찬가지로 막상 가보면 괜찮은 점도 있기야 하겠지만 자신의 의지로 자진해서 가고 싶다고 할 만한 곳은 못 된다.

이런 식으로 말하면 그 자리에서 '무슨 말이야, 데이케어는 은둔형 외톨이가 되기 쉬운 고령자들의 커뮤니케이션 수요를 원활하게 충족시켜줄 만한 기능도 있어서 처음엔 꺼려할지 모르지만 데리고 다니다 보면 도움이 된다'고 하는 사람도 있을 법하지만, 그렇다면 그런 사람에게는 바로 반론이 가능하다.

나카니시 씨는 척추 손상으로 하반신 마비가 된 후천적 장애인으로 휠체어 생활을 한다. 장애인자립지원법대로 외출 보조 서비스라도 이용할 수 있다면야 날마다 똑같은 사람들이 모이는 데이케어 등에 가지 않더라도 취미 동호회 모임이나 동네 기원이나 친구들 모임 등에 자유롭게 외출할 수가 있다. 외출할 곳도 늘릴 수 있고 당사자에게 맞는 커뮤니케이션 요구에 대응만 된다면 바람직한 얘기다. 게다가 외출지가 배리어프리라면 그것으로 충분하다.

몇 살이 되든 보통 사람들이 일상생활을 영위할 수 있는 도시 인프라 생활기반을 누구나 언제나 이용할 수만 있다면, 노인을 한 군데에 몰아넣는 데이케어 따위는 당연히 필요 없을 터. 하지만 그런 미래는 아득하기만 하다.

내 집을 배리어프리로 개조

간병보험이 생긴 이래로 시설화의 흐름은 날로 발전하고 있다. 장애인 세계에서는 예전의 대규모 시설화에 대한 반성이 일고 있고, 이미 탈시설화가 진행되는 마당이니 완전히 역행이다.

아무리 훌륭한 시설이라 하더라도 시설은 시설일 뿐이다.

시설에서 살고 싶다고 스스로 원하는 고령자는 한 사람도 없다. 아니 건강한 사람이라도 시설에서 살고 싶은 사람은 없을 것이다.

우리 공동 연구자 중에는 잘생긴 건축가 오카모토 가즈히코岡本和彦 씨가 있다. 그는 병원 건축 전문가다. 그가 쓴 논문에 '시설도의 높이'라는 독특한 개념이 있다. 인간의 집단성·획일성·자율성·공간 독립성·자기 완결성, 그리고 시간 계획성·통제성·비한정성이 높을수록 '시설도'가 높다고 판정한다.

요컨대, 날마다 똑같은 사람과 규율에 얽매인 집단생활을 강요받고, 의식주는 외부로부터 고립된 시설 안에서 죄다 해결하고, 시간은 계획대로 규칙에 맞게 정확히 통제되는 환경을 '시설도'가 높다고 부른다. 결국 건물과 기능이 일체화하면 시설의 '세계'가 완성된다. 시설이 자신이 살아가는 전 세계가 돼버린 곳이 바로 감옥이나 수용소. 오가사와라 씨가 『출구 없는 집』이라 부르듯 송장이 되지 않고서는 나갈 수 없는 고령자 시설은 강제수용소와 다를 바 없다. 대체 그런 곳에서 누가 살려고 한단 말인가.

'안심'을 **시설 외에서는 확보할 수 없다는 사고가 잘못**된 것이다. 게다가 시설이 제공하는 '안심'은 당사자의 안심 이상으로 가족의 안심이다. 나이 많은 아버지나 어머니를 시설에 넣을 수만 있다면 '우리가 안심하고 지낼 수 있다'는 것. 가족이 안심할 수 있는 보상으로서 시설에 넣을 수 있다고 한다면 그야말로 완전 본말이 전도된 것 아니겠는가.

장애인의 경우는 일단 대규모 시설화 움직임이 일어난 후, 그것에 대한 반성에서 탈시설화 움직임이 시작되었다. 덧붙여서 말하자면 나카니시 쇼지中西正司 씨는 장애인을 '시설에서 지역으로'라고 외쳐온 장애인 자립 생활 운동의 리더이다. 장애인이 지역에서 자립 생활을 해내기 위해서는 우선 장애인을 받아들여주거나 배리어프리 시설이 구비된 주택을 확보할 필요가 있다.

고령자인의 경우 이야기는 더욱 간단하다. 대개 고령자들은 이미 주택을 보유한 사람이 많기 때문이다. 그 주택을 배리어프리로 개조하는 일은 그다지 어렵지 않다.

더욱이 일본 재래식 가옥이라도 문제 될 건 없다. 나는 93세나 된 여성이 혼자 살고 있는 오래된 일본 가옥을 방문한 적이 있다. 운신을 못 하는 그분은 도우미의 손을 빌려 주택에서 살고 계셨다. 다다미방은 앉은걸음에 안성맞춤으로 편안했으며 칸막이를 하지 않은 장지문으로 된 방은 이동이 자유롭다. 유리를 넣은 장지문이나 텔레비전 등 모두가 앉은뱅이 탁자 생활을 하기 좋은 높이로 맞춰져 있어서 휠체어 없이도 실내에서 생활하는 데 아무런 불편함이 없어 보였다.

집 있는 고령자를 한데 모아 규격 사이즈 건물인 시설에서 보살피는 것이 '진보'일까. 장애인 운동의 역사를 돌이켜 봐도 고령자의 시설화 움직임에서는 무엇 하나 배울 점이 없을 뿐만 아니라 도리어 역행하고 있는 것은 아닌지 생각하지 않을 수가 없다.

간병보험은 싱글이 유리할까?

주거(하드웨어)와 케어(소프트웨어)는 구분지어 생각하는 것이 좋다. 그렇다면 케어 딸린 거처로 옮기기보다는 내가 있는 거처로 케어를 가져오는 쪽이 좋지 않을까. 즉 간병이 필요한 상황일지라도 죽을 때까지 집에서 간병을 가능하게 만드는 것이 재택 간병이다.

간병보험은 원래 재택 지원이 목적. 그러던 것이 시설 지향이 되어버린 것은 누가 뭐래도 '이용자'가 가족이기 때문이다. 가족의 편의를 염두에 둔다면 시간과 품이 드는 노인은 집에서 나가주었으면 하는 것이 인지상정. 이제 막 동거를 시작했으나 가족이 시설 입주를 결정해버리는 경우가 있다. 동거 자체가 이유가 되어 나가주었으면 하고 바라는 상황이 된다면 본말 전도가 아니고 뭐란 말인가. 이렇게 될 바에야 아예 동거하지 말았어야 좋았을 것을 하며 후회막급이다.

고로 "같이 살지 않을래요?" 하는 자식의 제안을 나는 '악마의 속삭임'이라 부른다.

최근 몇 년간 재택 지원 서비스 이용량이 차츰 늘어나는 추세다. 그 이유는 부부 세대와 1인 가구 세대가 증가한 탓이다.

예전에 간병보험 개정이 아닌 개악이 되어 가족이 동거하는 경우는 '이용자 본위'라는 미명 아래 서비스를 이용하기 어려웠던 때가 있었다. 차라리 지금이라면 다소 나았을지도 모르겠지만 말이다. 당시엔 가령 동거 가족이 있다는 것만으로 이용자 이외의 가족의 식사 준비나 빨래는 도움을 받을 수 없었다. 그렇게 되면 도리어 **독신 세대** 쪽이 **이용이 수월하다.**

내 친구 몇몇은 부부가 함께 있어 이용이 까다로운 간병보험 서비스 때문에 애를 태우며 고령의 부모를 위장 이혼이라도 시켜야 할 판이라며 진지하게 고민할 정도다.

간병이 필요한 상태가 되면 남자고 여자고 없다. 아무리

고령이더라도 건강만 하면 여성 고령자는 집 안에서 쓰임새가 많으나 남성 고령자는 큰 덩치만큼 그만큼 더 무겁게 느껴지니 대조적이다. 그러므로 배우자가 먼저 떠나도 어머니에게는 같이 살자는 제안이 들어오지만 아버지에게는 좀처럼 없다. 그러나 간병이 필요해지면 타인에게 신세지는 것은 매한가지다.

간병이 필요한 상태가 되어도 홀로 내 집에서 살아갈 수 있을까? 홀로 내 집에서 숨을 거둘 수가 있을까?

물론 가능하다는 것이 나의 대답이다.

자신의 생활 방식을 그때그때 상대방에게 맞춰온 여자와는 달리, 좀처럼 자신의 스타일을 바꾸고 싶어 하지 않는 싱글 남성에게 이 물음은 절실한 것일 게다.

다음 장에서 그 가능성을 타진해보자.

제5장

홀로 —— 죽을 수 있을까

생명의 또 다른 이름,
죽음

몸져누워 일어나지 못하는 상태가 되거나 인지증(치매)에 걸리는 것에는 남녀 구별이 없다. 타인의 신세를 지며 태연하고 침착하게 살아갈 수밖에 없다. 여자 남자를 막론하고 '싱글의 노후는 시설에서'라고 하는 것이 지금까지는 단 한 가지 선택지였지만 어렵사리 또 하나의 선택지인 '내 집에서 나 홀로 죽음'의 가능성이 보이기 시작했다.

'**나 홀로 죽음**'은 '**고독사**'와 **완전 다르다**. 고독사는 혼자 고립되어 쓸쓸하게 생을 마치는 죽음인 데 반해 나 홀로 죽음이란 홀로 살아온 인생의 연장선에서 홀로 죽음을 맞이하는 것뿐이다. 싱글의 삶이 결코 고독하지 않은 것처럼 홀로 죽음을 맞이하는 것은 단지 병구완을 할 사람이 없을 뿐, 그 이상도 그 이하도 아니다.

죽음은 누가 대신해줄 수도 없는 일이며 홀로 완수해야 할 사업이다. 누군가가 입회해주지 않으면 저세상으로 갈 수 없는 것도 아니다. 이제 혼자 살던 사람이 홀로 죽는 것을 가치 판단을 배제하고 '내 집에서 나 홀로 죽음'이라 부르기로 하자. 그런 각오만 있으면 싱글 생활에는 아무런 문제가 없다.

세상에는 집단생활에 어울리지 못하는 사람도 있다. 2장에서 소개한 그룹홈에 들어온 유일한 남성 입주자처럼 '사장' 의식이 머릿속에서 사라지지 않는 사람의 경우에는 주위 사람에게 민폐가 되기 때문에 상대로부터 거부당하는 수도 있다. 아내라도 있으면 최후까지 자기 마음대로 투정을 부려도 받아줄 가능성이 있겠지만, 배우자가 없는 싱글 남성이 타인에게 맞추어 사는 일은 여간 고통스러운 일이 아닐 수 없다.

여성 쪽이 환경 적응력이 뛰어나고 유연성도 높다. 여자란 원래 그런 동물이라 생각하지 않았으면 좋겠다. 그 외엔 딱히 살아갈 방법이 없기에 체념하고 주어진 환경에 적응해왔을 뿐이다. 달리 살아갈 뾰족한 방도가 없다면 강제수용소라 할지라도 인간은 적응하기 마련이다.

시설 입소를 스스로 결정하는 어르신 중에는 '가족이 겪을 폐에 대한 심사숙고'가 동기인 경우도 있다. 그런 배려를 늘 먼저 생각하는 쪽은 여성이다. 그에 비하면 남성은 그야 말로 자기 멋대로다. 타인에게 맞추지 않고서는 살아갈 수 없는 집단생활을 할 요량이라면 불편하더라도 싱글 생활을 선택한다. 쓰레기가 산더미처럼 쌓인 집에서 '절대로 여기 서 한 발자국도 물러날 수 없다'고 마냥 우기는 쪽은 남성 이 많은 듯하다.

집에서 죽음을 맞이하기 위한 조건

그렇지 않아도 점점 유연성이 사라지는 고령자들을 새로 운 환경에 내모는 것은 가혹한 처사다. 그렇다면 고령자 각 자에 맞는 생활을 유지하면서 집에서 최후까지 병구완하 는 일은 가능할까?

그 해결책이 나의 이어지는 과제가 되었다.

'내 집에서 나 홀로 죽음'은 가능한 일인가?

'예스'가 내 대답이다. 단, 조건은 다음 세 가지다.

첫째, 24시간 순회 방문 간병.

둘째, 24시간 방문 간호.

셋째, 24시간 말기 의료.

요컨대 간병·간호·의료 세 가지 세트만 준비되어 있다면,

내 집에서 나 홀로 죽음은 가능하다.

지금까지 나는 간병과 관계있는 사람들과 교류를 해왔다. 역시 간병 관계자들은 이루고자 하는 뜻도 높고 온화한 인품에 기분 좋은 사람들이 많다. 독재자 스타일의 아버지가 지방 의사였던 점도 있고 해서 나는 의료 관계자에 대한 편견이 가시지 않아 가능하면 멀리하고 싶은 마음으로 살아왔다. 그러던 것이 말기 치료를 연구 대상으로 삼자 의료자의 역할을 무시할 수 없게 되었다. 그런 생각으로 그들과 교제하다 보니 재택 말기 치료를 실천하는 의사들 중에는 인품이 훌륭한 분들이 많다는 사실을 깨달았다.

질병이란 장애

일본인 고령자의 사인으로 상위 1위가 악성종양(암), 2위가 심장질환, 3위가 뇌혈관질환(뇌경색), 4위가 폐렴(감염증) 순이다. 연령이 높아짐에 따라 심장질환과 폐렴 순위가 올라가고, 85세 이상이 되면 노쇠가 5나 4위로 나타난다.

단도직입적으로 말하면 암으로 죽느냐, 심장질환이나 뇌경색으로 돌연사 하느냐, 혹은 심장질환이나 뇌경색 등으로 요양 중에 감염증(폐렴)에 걸려 심부전증으로 죽느냐, 그렇지 않으면 너무 오래 살아 노쇠하여 죽느냐, 이들 중 한 가지일 테다. 노쇠하여 죽는다면 그것은 분명 문명 발전의 증표다. 저항력이 떨어진 노인들은 대개 폐렴 등에 감염돼 사망하는 경우가 많다. 추운 계절에 고령자 사망이 집중되는 이유도 그런 탓이다.

'핀핀코로리'란 말처럼 '돌연사'를 많이들 바라지만 사인 중 **돌연사를** 기대할 수 있는 질병은 **심질환과 뇌경색뿐**이다. 다만 위독 상태에서 살아날 여지가 없는 경우는 그리 많지 않다. 그 이전에 여진처럼 전조가 있기 마련이므로 경미한 발작 정도라면 목숨엔 지장이 없고 반신불수나 언어장애 등 후유장애를 갖고 연명한다.

뇌경색을 앓은 후 재활치료로 기적적으로 다시 살아난 한 남성을 만난 적이 있다. "그때 그 상태 그대로 장애가 남았더라면, 어이쿠, 생각만 해도 끔찍합니다."라는 말을 했다. 죽을 때까지 평생 일할 수 있는 축복을 누리는 '평생 현역'이 신조였던 남성이 '그대로 죽었더라면' 하고 생각했다면 더더욱 끔찍한 일이 아니었을까.

'그때 차라리 죽었더라면' 하는 생각은 장애가 있는 자신을 받아들일 수 없는 탓이다. 나는 장애가 있는 사람들과 교류하면서 마음이 한결 가벼워졌다. 인생을 즐기는 데 장애가 있고 없고는 전혀 관계가 없다고 느꼈기 때문이다. 가령 장애가 남았다 하더라도 목숨을 건진 사실에 두고두고 감사해야 하는 게 아닐까.

암으로 시한부 선고를 받은 순간

사인이 심장질환과 뇌혈관질환, 암, 노쇠나 감염증 순으로 요양 기간이 짧다. 다만 심장질환과 뇌혈관질환이 '돌연사'가 되는 경우는 단 한 차례 발병할 때의 얘기. 그렇다고는 해도 '예기치 못한 죽음'이 과연 행복할까? 본인이나 주위 사람에게도 죽음을 받아들일 준비가 되어 있지 않다면 불행한 일인지도 모른다. 자신의 인생에나 친구들에게도 인사조차 하지 못하고 떠나야 하기 때문이다.

그에 비해 암 사망은 확률적으로도 죽는 시기가 예측 가능하다. 죽음의 준비나 주위에 배려할 수 있는 시간이 있으니 그만큼 더 좋을지도 모르겠다. 게다가 '여명餘命'은 무한정 이어지지 않으므로 금전 계획을 세우기도 쉽다.

암으로 시한부 선고를 받은 사노 요코 씨는 "그래도 앞으로 생활비 걱정을 하지 않아도 돼서 홀가분하다"며 안도하며, 선고를 받자마자 그 길로 자동차 대리점으로 달려가 진작부터 사고 싶었던 재규어 차 한 대를 뽑았다고 한다.

『암 환자학』[42]의 작가 고故 야나기하라 가즈코 씨는 한때는 현미 채식 등 대체 치료에 전념했으나 '돈이 없다'면서도 교토에서 요양 생활을 하는 틈틈이 전통 일본요리 등 미식 삼매경에 빠졌다. 교토는 세계 유수의 미식 도시다. 얼마 안 남은 목숨이라 생각하면 사양할 것도 참을 것도 없다. '내 돈 내가 쓰는데 뭔 상관'이냐'며 큰소리칠 수 있는 것도 다 암 덕분일지도 모르니 말이다.

죽음에 이르기까지의 시간과 각오

이에 비해 노쇠나 감염증이 사인이 되는 케이스는 노환으로 자리보전하는 기간이 가장 길다고 말할 수 있겠다. 폐렴 같은 감염증은 순식간에 죽을 거라 생각할지 모르겠지만, 사실 고령자는 자리보전 상태가 이어지거나 장기요양 중에 감염증으로 죽는 경우가 많다. 감염증이 사인이 되는 경우는 당사자의 체력이나 저항력이 현저히 떨어졌다는 사실을 의미한다. 고령자에게 감염증이라고 하면 흡인성 폐렴이나 병원 내 감염 등 일종의 간병·의료사고 등도 있다.

86세에 돌아가신 우리 아버지는 15개월 동안 병원에 장기 입원하셨다가 암으로 사망하셨다. 쇠약한 몸은 신진대사 능력이 사라지고 피부는 당장이라도 찢어질 듯 무르디무르고 얇았으나 사체는 욕창 하나 없이 깨끗했으며 15개월 동안 폐렴에 걸리지 않고 돌아가셨다. 병원에서 꽤 극진한 간호를 해준 덕택이라 생각해 진심으로 감사하다. 그러나 하루하루 다가오는 암으로 죽는다는 공포 때문에 아버지 본인은 심신이 무척 고통스러웠을 것이다.

한편 도쿄 내 유명 병원에 입원하여 간염 치료를 받으면서 간염 바이러스는 100% 완치되어 치료에 성공했다고 했는데도 감염증에 걸려 눈 깜짝할 사이에 병원에서 죽은 사람도 있다. 병원은 저항력이 떨어진 사람에게는 정말 위험한 곳이다.

우리 어머니(향년 76세)는 전이되어 재발한 유방암으로 투병 중에 심부전으로 돌아가셨다. 말기암 환자의 얼굴에 죽음의 그림자가 드리워지고 하악 호흡(임종이 가까워 올 때 아래턱을 아래위로 움직이면서 쉬는 호흡—옮긴이)을 하며 죽어가는 암 환자를 목격한 적이 있는 나는 그때까지 피부에 윤기가 도는 어머니를 보고 "엄마, 무척이나 고통스럽겠지만 그렇게 쉽게 금방 죽지 않아요. 크리스마스 때 다시 올 테니 그때까지 잘 견디고 기다려줘요." 이런 말을 남긴 채 당시 부임지인 독일로 떠났다. 도착한 지 며칠 안 되어 부고를 받고는 급하게 일본으로 되돌아와야 했다.

엄마의 사체는 통통했고 피부도 고왔다. 모르핀 주사가

몸에 맞지 않아 고통스러워했던 엄마가 암으로 죽기 전에 심부전으로 사망한 것은 엄마에게는 다행스러운 일이었는지도 모른다고 생각했다.

막상 이런 식으로 쓰고 보니 공연히 불안감만 부채질하는 게 아닐까 걱정된다.

혼자 살아왔듯이
홀로 죽을 수 있다면

그렇다면 어떻게 죽어야 이상적일까.

안타깝게도 죽는 방법만은 내 맘대로 택할 수가 없다. 죽기 전 수개월 간은 다른 사람에게 신세질 것을 각오하고 그것을 받아들일 준비만 되어 있다면 두려워할 필요가 없다.

재택 간호를 몸소 행하는 의사에게 항상 묻는 질문이 있다. "독신이라도 집에서 죽을 수 있습니까?" 이렇게 물으면, "앞으로의 과제이지요."라는 대답도 있고, "네, 가능합니다. 실제로 해냈으니까요."라는 의사도 있다.

수도권 외곽의 고다이라시에서 '케어타운 고다이라'를 운영하는 야마자키 후미오山崎章郎 의사도 그중 하나다. 그는 원래 암 완화 케어 전공의였다. 그는 방문 간병 스테이션과 간호 스테이션을 편성하여 재택말기 간호를 실천하고 있다.[43]

내가 방문했을 때는 대략 60세대 정도의 그 지역 고령자를 대상으로 꽤 심각한 중증 말기암 환자의 통증클리닉을 포함한 재택 의료를 하고 계셨다. 당신의 휴대전화 번호를 환자에게 알려주며 **"무슨 일이 있으면 언제라도 연락하세요."**라며 일러두었다고 한다.

야마자키 씨는 나와 같은 베이비붐 세대로 예순이 넘었다. 60대가 되면서 몸도 예전 같지 않고 무엇보다 사생활이 없어져 가족의 원망도 살 것이다. '언제라도 연락하세요'는 설마 진심으로 한 말이었을까? 하고 염려했던 내게 야마자키 씨는 이렇게 말했다.

"24시간 언제라도 진료 서비스를 받을 수 있다는 안심감만 심어줘도 환자에게서 전화가 걸려오는 일은 좀처럼 없답니다."

지금까지 실제로 전화가 온 경우는 월 2회 정도. 이 정도라면 충분히 할 만하다고 한다. 지난해부터는 의사도 복수 체제가 되어 부담이 줄고 있다.

야마자키 씨뿐만 아니라 실제 '야간 진료 언제라도 OK'라는 체제를 갖추고 있는 재택 의료 관계자는 '가장 중요한 것은 환자의 안심감'이라고 이구동성으로 말한다. 안심감만 있어도 무턱대고 전화를 걸지는 않는다는 것은 사실인 듯

싶다.

생협 오렌지코프의 대처

24시간 대응 진료를 가능하게 하는 조건은 두 가지다. 첫째는 의사 한 사람에게 부담이 집중되지 않도록 복수의 의료 관계자들이 위험을 서로 분담하는 제휴 구조이고, 둘째가 의사의 근무를 줄이는 방문 간호 지원 시스템이다.

중환자실 집중치료가 끝나고 병세가 급격히 악화되지 않을 듯한 환자에게는 예부터 홈닥터(가정의)가 있었다. 후기 고령자 의료제도가 제창한 '주치의' 제도는 이것을 부활시키려 했던 제도였지만, 보수정액제는 고령자 의료를 억제한다는 비판과 함께 의사회로부터 맹렬한 저항을 받았다. 무엇보다 '동네 홈닥터' 자체가 후계자들이 없어서 사라질 운명에 처해 있다. 지역 고령화가 진행되면 홈닥터의 부담은 점점 더 막중해진다. 이를 줄여주는 시스템이 '당번의사' 제도였다.

오사카 센난시에 있는 생활협동조합인 '오렌지코프'에서는 의료·간병·생활 지원의 안심을 보증할 수 있는 고령자 주택에 힘을 쏟고 있다. 생활협동조합이 제공하는 방문 간병에 가입시키고 지역 의사나 치과의사 등 의료 관계자 팀

을 꾸려 방문 진료와 방문 간병을 융합한 네트워크인 '골드 라이프'를 만들었다.[44]

이곳의 특징은 한 환자를 두 명 이상의 의사가 돌본다는 점이다. 따라서 정보를 공유함으로써 놓치고 빠뜨리는 실수를 미연에 방지할 수가 있고 긴급사태에도 즉시 대체 요원을 확보할 수 있다. 또한 의사 부담도 적다. 2008년에는 의사 5명, 치과의사 8명, 한의사, 접골사, 마사지사 19명이 이 네트워크에 참가하고 있다. 사업체에서 전문가 고용 비용을 부담하지 않고도 기존의 **지역 자원을 십분 활용**하며 24시간 대응 가능한 시스템을 실천하고 있다.

썩 괜찮은 방법이라고 생각한다. 이런 시스템 모델이 성공한다면 다른 지역에서도 응용 가능할 것이다.

치솟는 치과의료 수요

골드 라이프 네트워크 안에는 재택 치과 의료를 실천하는 개업 치과의도 있다. 고령이 되면 틀니 수요도 증가하고 구강 케어 수요도 많아진다. 인간이 산다는 건 마지막 순간까지 먹고 배설하는 일의 반복. 입으로 먹을 수 있다는 것은 인간이 살아 있다는 증거다.

시설에서 수고를 덜기 위해 입주자의 틀니를 빼는 곳도

있다. 따라서 씹을 수 없게 되어 먹는 즐거움을 잃어버리고 믹서로 이것저것 섞어 갈아버린 유동식만 주니 무슨 맛인지도 느끼지 못하고 그저 목구멍에 흘려보낸다. 이것이야말로 인권 침해이자 고령자 학대가 아닌가.

걸을 수 없는 고령자도 휠체어를 사용하면 이동이 가능하다. 눈이 나쁜 고령자도 보조 안경이 있으면 신문도 텔레비전도 볼 수 있게 된다. 보조 틀니의 용도를 알면서도 이를 사용하지 못하게 하는 것이 학대가 아니고 무엇이겠는가. 맞지 않는 틀니를 다시 만들어 바꿔 끼워 넣자마자 노인요양시설 입주자가 팔팔하고 생기 넘치던 예전의 활력을 되찾았다는 감동스런 장면을 실제로 영화감독 하네다 스미코 씨가 제작한 다큐멘터리에서 본 적이 있다. 재택 진료에는 치과 진료도 포함해야 할 필요가 있을 것 같다.

또 하나, 재택 의료에서 대활약하는 것이 방문 간호다. 24시간 대응 방문 간호 시스템이 있다면 의사의 출근을 기다리지 않아도 여러 가지가 가능해진다. 간호사의 경우 야근 교대 근무가 있다. 당직의가 있어도 환자의 병세가 갑자기 악화될 때에는 심야에도 주치의에게 전화를 걸어 지시를 구한다. 이것이 병원에서 지역으로 바뀌었을 뿐이다. 의학 저널리스트 오쿠마 유키코 씨가 재택 진료를 멋들어지게 표현하던 자리에 마침 우연히 동석했던 적이 있다. 의사에게 병원 내 의료가 홈그라운드 경기라면 재택 의료는 원정경기이다. 조건이 완전 다르다. 의사에게나 간호사에게나 재택 의료 쪽이 다양한 능력과 경험이 요구되는 것은 당연한 일이리라.

아무리 누추해도 내 집이 최고

없어서는 안 되는 것이 방문 간호의 역할이다. 치료가 아니라 생활을 지원하는 것이 간호인 것이다. 도우미가 짧은 시간이라도 하루 네 번이나 여섯 번 정도 순회하며 지켜봐준다면 환자의 상태 변화도 알아차리게 된다. 순찰하는 사이 숨을 거둔다 할지언정 그야 할 수 없는 일 아닌가. 가족과 동거하는 고령자라도 하룻밤 사이 지켜보는 사람도 없이 죽는 일도 있다.

내가 함께 연구한 규슈의 생협인 크린코프 연합의 복지노동자단체(workers collective. 멤버 전원이 출자한 공동 경영자로서 노동을 분담하는 협동조합 방식의 비영리조직―옮긴이)는 방문 간호로 혼자 사는 남성 고령자를 재택 간호한 경험이 있다.

날마다 체크하기 때문에 변화를 바로 감지할 수 있다. 이

제 얼마 안 남았다는 생각이 드는 순간에는 멀리 사는 딸들에게 연락을 취했다. 그리고 나서 일주일 후 그분은 당신 집에서 숨을 거뒀다. 가족들은 진심으로 감사의 인사를 건넸다고 한다. 그나마 일주일로 끝나서 다행이었다. 이런 상태가 1개월 이상 지속되거나 혹은 회복되어 일단 집으로 되돌아갔다가 재차 호출받거나 하는 날에는 오히려 원망을 들었을지도 모르는 일이다.

이것에 덧붙여 방문 재활, 방문 입욕, 의료 소셜워커, 케어 매니저 등 다직종 연대가 갖춰져 있기만 한다면 임종이 임박한 시기라도 집에서 죽음을 맞이할 수가 있다.

독신인 나는 요즘 그쪽으로 마음이 간다. 질 좋은 시설을 찾기보다는 여태껏 혼자 잘 살아왔는데 뭐, 내가 **혼자 살아왔듯이 홀로 죽을 수 있다면** 그것으로 족하다는 생각이 들었다.

제아무리 훌륭한 시설이라 한들 보잘 것 하나 없어도 내 집이 최고라고 여기는 고령자가 많다는 사실을 구태여 부연하면서 간병보험의 이념대로 홀로 사는 고령자의 '재택 지원'이 가능하게 되었으면 하는 바람이다.

게다가 원래 간병보험의 '재택 지원' 이념에는 간병비를 저렴하게 하고자 하는 '불순한 동기' 또한 분명 포함되어 있

을 터이다. 사실 재택 간병은 병원 내 사망보다는 말기 의
료비 경감에도 한몫할 것이다.

가족은 지원군일까
저항군일까

현재 일본에서는 재택 사망보다 병원(시설) 내 사망이 87%(2003년)로 압도적으로 많다. 원래 집에서 맞는 죽음이 당연했던 전근대 이후 급속하게 병원 내 사망이 증가했고, 1970년대에는 재택 사망을 웃돌았으며 최근 들어 차차 재택 사망이 늘어나는 추세다. 병원 내 사망에는 스파게티 증후군(수액루트, 요도튜브, 기도튜브, 각종 모니터 등을 온몸에 꽂은 중증 환자 상태─옮긴이)이라는 종말기 과잉 의료가 발생하거나 가족이 보는 앞에서 심폐소생술을 하거나, 경우에 따라서는 집중치료실로 격리돼 가족이 쫓겨나는 경우도 있다. 이로써 이별을 아쉬워하거나 슬퍼할 곳도 딱히 없다.

한국의 간병시설에서 이런 이야기를 들었다. 시설에서 사망한 이용자의 시신을 꺼내 병원으로 일부러 옮겨와 거기서 일가친척이 작별을 고한다고 한다. 병원 내 사망은 '근대화'의 상징이다. 유족이 끝까지 최선을 다했다는 알리바이 성립에 이용된다.

입원 결정은 누가 하나?

재택 의료를 실천하며 기후시에 거주하는 의사 오가사와라 분유小笠原文雄 씨의 말로는 병원에 실려 오는 종말기 환자 대부분은 가족의 의사를 따른 것이라 한다. 오가사와라 씨는 일급 중증 암 환자에 대한 완화 케어를 포함한 재택 의료 서비스를 지역에서 실천하고 있다. 과거 사례를 보면 재택 사망률은 60%. 그러던 것을 현재 90%까지 재택 사망률을 끌어올리려 변신을 꾀하고 있다. 현재 일본의 재택 사망률이 13%이니 상당히 경이적인 숫자다.

혼수 상태에 빠진 환자를 대신해 입원을 결정하는 이는 가족이다. 가령 환자 본인이 의식이 있다면, 이 판국에 입원을 희망하는 환자는 한 사람도 없으리라. 여태껏 힘들게 집에서 끝까지 버텨왔기에 그냥 **이대로 집에서 죽었으면** 하는 바람이 진정한 속내가 아닐까. 죽어가는 환자를 눈앞에 두고 패닉 상태에 빠지는 쪽은 다름 아닌 가족들이다. 그네들이 눈뜨고 볼 수 없기에 자꾸 병원으로 보내게 되는지도 모르겠다.

그 때문에 오가사와라 씨는 환자 본인뿐 아니라 환자 가족과 신뢰 관계를 쌓는 데 시간을 투자한다. 환자의 변화는 이러이러한 순서대로 일어난다는 점, 변화에는 시간이 걸리므로 걱정하지 말고 기다려라, 무슨 일이 생기면 24시간 방문 간병 서비스(스테이션)에서 간호사가 진료하므로 안심해라, 재택 간병을 하게 되면 무엇보다도 환자의 만족도가 높아지고 그렇게 되면 가족도 성취감을 맛볼 수 있을 것이라는 등등 차근차근 설명한다. 1시간 이상씩 걸리는 경우도 있지만, 진료 보수와는 전혀 관계없는 일이다.

어차피 죽을 텐데 의사가 필요한가요?

"죽는데 의사는 무슨 의사냐 다 필요 없다."가 오가사와라 씨의 신조다.

맞는 말이다. 치료는 의사의 몫이지만, 죽음이란 죽는 사람 본인이 감당해내야 하는 몫이며, 아무도 대신해줄 수 없는 대사大事이다.

심야에 방문 간호 서비스(스테이션)에 전화가 걸려오면 필요한 경우 의사가 왕진하겠지만, 대부분은 자택에서 대기하는 간호사가 대응한다. 가족과 함께 간호하고 있다가 간호사가 의사에게 "지금 운명하셨습니다."라는 전화를 한다. 의사가 하는 일은 추후 사망 진단서를 쓰는 것뿐이다. 죽은 사람은 살아 되돌아올 수 없으므로 날이 밝으면 천천히 나가보면 된다.

오가사와라 씨는 중증 환자들을 담당하고 있지만 심야에 우왕좌왕하는 일은 생각보다 적다. 그도 그럴 것이 환자와 그 가족과의 사이에 일상적으로 깊은 신뢰 관계가 형성되어 있기 때문이다.

숨을 거둔 환자들의 경우 대부분 가족이 간호사와 함께 깔끔한 옷을 입히고 염을 하고 화장을 한다. 가족이 환자에게 해줄 수 있는 이 최후의 관리를 오가사와라 씨는 '엔젤 케어'라고 부른다. 천국행 여행길을 도와주는 손길이라는 말이다. 가족이 납득할 만한 '엔젤 케어'를 실천한 경우 남은 유가족의 만족도도 상당히 높다고 한다. **웃으면서 보내고 웃으면서 떠나간답니다.** 이런 의사 말에 처음에는 반신반의했으나 왕진을 따라가 보고는 의사의 말 그대로여서 정말 놀랐다.

대장암으로 인공 항문을 매달고 투병하던 여성 환자분도 웃는 낯이었고, "이제 오늘밤을 넘기기가 어렵겠는데……." 했던 말기암 남편을 자택에서 간호하던 아내도 웃는 얼굴이었다. 의사의 예상대로 방문한 그날 밤 그 환자분은 숨을 거두셨다. 다음날 아침 방문한 의사를 가족들은 만족스런 눈빛으로 웃으면서 맞이했다고 한다.

의사의 말 한마디로 회복된 가족관계

이런 이야기를 늘 달고 살지만 난 가족이 없어 정말 다행이라고 가슴을 쓸어내린다. 자식이 없는 내겐 인생 마지막 순간이 찾아와도 나 대신 의사 결정을 해줄 사람이 한 사람도 없기 때문이다.

일본은 가족의 권리가 대단히 막강한 나라다. 의사 결정 능력이 없어지면 가족이 대행하고, 법이 개정됨에 따라 장기 기증까지도 환자 본인이 애초에 거부 의사를 표현하지 않는 한 가족의 의사만으로 가능하게 되었다. 제아무리 친한 친구라 할지라도 좀처럼 왕래하지 않던 친척이 멀리서 찾아오는 날에는 병실에서 쫓겨난다. 임종 직전, 본인 의사로 입원을 택하는 환자도 '가족이 그러길 원하니까요', '가족에게 짐이 되지 않으려고요' 하며 기본적으로 가족을 배려한다. 그런 이유가 아니라면 병원에서 죽고 싶다고 진심으로 바라는 환자가 과연 몇이나 될까.

재택 간병의 '저항 세력'이 남이 아닌 가족이라는 실제

사례 한 가지를 오가사와라 씨로부터 들었다. 한 말기암 환자분이 '더 이상 병원에서 손쓸 수 있는 일이 없다'며 퇴원을 권유받았고, 환자 본인 또한 퇴원을 간절히 원했다. 그에게는 법적으로는 혼인 상태이나 실제로는 부부 관계가 없는 상태인 아내가 있었는데, 그 아내가 손이 많이 가는 남편이 집에 돌아오는 것을 강력하게 반대했다. 그 사이에 끼어든 오가사와라 씨의 한마디 말은 이렇다.

"당신만 없다면, 환자를 집으로 돌려보내드릴 수 있을 텐데 말입니다." 대역전의 발상이다.

싫어하는 가족이 있는 탓에 내 집에도 돌아갈 수 없다. 차라리 아무도 없다면 내 집으로 돌아가 홀로 죽음을 맞이할 수 있을 텐데 말이다. 의사의 너무나도 솔직한 말에 아내는 충격을 받고 생각을 고쳐먹었다. 도우미를 들이고 간병 준비를 하고 남편을 집으로 돌아오게 했다. 딸도 시간 나는 대로 바지런히 집에 와주곤 했다.

그러는 사이에 남편 몸에 손대는 것조차 싫어했던 아내가 간병을 돕게 되고, 부모님의 불화를 못마땅해 하던 딸이 깜짝 놀랄 정도로 두 사람의 관계가 좋아졌다. 인생의 마지막 길을 내 집에서 보낼 수 있게 된 남편의 만족도는 높아졌고 간병을 하면서 부부 관계를 회복한 아내와 옆에서 보고 있던 딸도 함께 만족도가 높아져 의사에게 무척 고마워했다고 한다.

인생이란 내일 무슨 일이 벌어질지 아무도 알 수 없는 법이다.

의료든 간병이든 지역 격차는 심하고

재택 의료는 옛날로 말하면 단골 의사, 현재는 멸종 위기에 있는 가정의를 떠올리게 한다. 오히려 가고시마나 기후 시와 같은 지방 도시가 한 바퀴 뒤처진 일등 주자가 되는가 싶더니만 도쿄도 한가운데인 신주쿠에서 재택 간병을 실천하고 있다는 한 의사를 만나게 되었다. 생각해보니 도시 쪽이 인구 밀집도가 더 높으므로 이동 비용을 고려한다면 효율 면에서도 **방문 진료는 도시 쪽이 더 나을지도** 모르겠다.

다만 문제는 이런 실천이 뜻있는 일부 관계자가 그 지역에 있느냐 없느냐 하는 우연적 요소에 좌우된다는 점이다. 의료보험이든 간병보험이든 제도는 전국이 다 동일하다. 허나 제도에 생명을 불어넣는 주체는 사람이다. 똑같은 성과급의 수입으로 적자를 내는 곳도 있고 흑자를 내는 곳도 있다. 똑같은 조건 아래서도 원대한 뜻을 갖고 의료와 간병을 실천하고 있는 관계자가 있는 반면, 제도에 안주해버리는 사람 또한 있게 마련이다. 고로 의료든 간병이든 지역 격차는 크다.

몇 번이고 되풀이하지만 이렇게 양심적인 의료 관계자를 만날 수 있느냐 없느냐는 돈만 있으면 해결된다는 식으로는 통하지 않는다. 홀로 사는 사람들이 재택 간호를 받으려면 노후에 그런 지역 간병, 의료 자원이 있는 곳으로 이사를 가거나, 아니면 본인이 살고 있는 지역에서 한 살이라도 더 젊고 팔팔할 때 그런 자원을 창출할 수 있는 제도를 마련할 필요가 있지 않을까.

싱글 맞춤형 보험

재택 간병을 실천 중인 관계자의 증언을 종합해보면,

첫째, 종말기 고통 조절은 현 의료 수준으로는 가능하다.

둘째, 가족이 없더라도 다직종 제휴만 있다면 독신 세대라도 간병은 가능하다.

셋째, 상황에 따라서는 가족이 없는 독신 쪽이 재택 간병이 더 수월한 경우도 있다.

독신에게 이토록 든든한 게 또 있을까.

독신을 위한 재택 터미널케어가 가능해지려면 간병보험을 (싱글에게 맞춘) '싱글 사양'으로 하자고 계속 주장해왔지만 여기에는 부담과 급부의 균형이 늘 문제가 되었다. 다들 아시다시피 현재의 간병보험에서는 가장 중증인 요간병 5등급으로 인정을 받아도 재택 서비스 한 달 지급 한도액이 약 360만 원으로 정해져 있다. 말로는 이용자 중심이라고 하지만, 이는 간병하는 가족의 지원을 전제한 발상이다. 가족 간병의 부담을 줄여주는 것이 간병보험제도 설계의 정책 의도이자 정책 효과였는데 말이다.

그렇다면 독신은 시설 간병을 받으며 저세상으로 떠나갈 수밖에 없단 말인가. 그럼에도 특별양호시설 등은 행정기관의 유도로 설치가 제한되고 있다. 예약을 기다리는 사람이 700명 정도라는 말을 들으면 절망하게 된다. 보육원 대기 아동을 제로로 하자는 구호는 들리지만 특별요양시설 대기 고령자를 제로로 하자는 구호는 들어본 적이 없다.

그렇다손 치더라도 나는 시설 간병이 좋다는 생각은 들지 않는다. 전 세계적으로 탈시설화 움직임이 일어나고 있는 마당에 시설을 더욱 늘린다는 것은 생각할 수 없기 때문이다. 그렇다고 해서 시설 증설을 억제한다면 독신의 최후는 군마현 시부카와시에 있는 무허가 시설에서의 경우처럼 외딴 곳에 버려져 불에 타 죽는 게 아닌가 하는 암담한 기분마저 든다.

최후에 저축은 어떻게 쓸 것인가

하지만 앞에서 이미 언급했듯이 생애 최후에 타인에게

신세 지는 기간은 사인 기준으로 1위 심장질환, 뇌혈관 질환, 2위 암, 3위 노쇠나 감염증의 순서로 짧다. 자리보전하는 기간은 평균 8.5개월이다. 암의 경우는 반년, 와병 상태는 보통 1년에서 2년 정도 예상하고 종말기(임종 직전)에 투자하면 된다. 자리보전하는 경우라도 반드시 24시간 간병이 필요한 기간은 그다지 길지 않다. 일본의 고령자 저축률이나 저축액은 결코 낮지 않다. 자린고비 생활을 하던 노인이 죽고 나서 보니 1억 원 이상의 저금을 남겨두었다는 이야기는 쌔고 쌨다.

앞서 말한 기후시에 사는 의사 오가사와라 씨의 말처럼 임종이 임박했을 경우에는 입주 가정부를 들이도록 추천할 일이다. 기후시 주변 시세로는 하루 15만 원, 한 달 450만 원이다. 한 달에 이 정도 금액을 지급할 각오가 되어 있다면 내 집에서 생활의 질을 유지할 수 있다. 쾌적성을 높이고자 하면 1000만 원 정도 있으면 족하다.

그러나 '저항 세력'은 역시 가족이다. 가족들은 고령자가 돈 쓰는 것을 싫어한다. 저축해놓은 돈이 3000만 원 정도 되는 혼자 사는 할머니에게 가정부를 들이면 어떻겠냐고 권하자 사위가 그 돈으로는 부족하지 않겠느냐며 걱정했다. 오가사와라 씨는 3000만 원 정도면 반년은 버틸 수 있고 만일 부족하게 되면 그다음은 자신이 운영하는 내과가 책임지겠노라 설득했다고 한다. 이 의사는 환자분들 재산까지 파악하고 있을 만큼 신뢰가 아주 두텁다.

'오늘내일할 때' 즈음은 자원봉사자들이 교대로 집에 머물며 돌봐준 경우도 있다. 어렵사리 지원 체제를 갖춰놓았더니 멀리 사는 가족이 와서 후다닥 병원으로 싣고 가버렸다고 자원봉사자가 속상해했다.

멀리 있는 가족에게 의지하지 않고 자택에서 돌아가신 고령자 한 분은 대지 딸린 주택을 "다른 분께 도움이 되도록 써주세요."라는 유언을 남기며 의사에게 기증했다. 의사는 고마워했지만 증여세가 나가 좋지만은 않았다고 쓴웃음을 지었다.

케어 서비스에 돈을 아까워 마라

입주 도우미를 들이는 비용이 한 달에 450만 원이면 최고 시설을 내세우는 최고급 유료 노인홈의 월 이용액과 맞먹는다. 이런 유료 노인홈은 초기 입주비만도 수천만 엔으로 얼토당토않게 비싸다. 재택이라면 본인 집이 있으니 초기 투자도 필요 없다.

아무리 누추해도 내 집이 최고다. 그다음 필요한 것은 배리어프리로 개조하는 일과 간병용품 렌탈 비용을 마련하는 일뿐. 인프라 투자는 최소한으로, 서비스 비용은 최대한으로 투자해야 현명한 일이다.

지금까지 가족 간병을 공짜로 인식해온 일본인인지라 간병 서비스에 돈 쓰는 것에 너무 인색하다. 내 돈을 내가 쓰고 싶은 곳에 쓰는 일에 누구 눈치를 볼 필요가 없다. 이럴 때 쓰려고 저축해오지 않았던가.

대도시가 되면 인건비도 비싸고 선뜻 입주 도우미를 하겠다고 나서는 사람이 없을지도 모른다. 그러나 생활용품을 챙겨주는 일 정도라면 전문 가사 도우미가 아니더라도 단기간에 돈을 벌고자 하는 젊은이나 학생들이 하겠다고 나설지도 모른다. 현재 스웨덴에서는 고령자 주택의 방 한 칸을 젊은이에게 제공하고 그 대신 젊은이는 케어 서비스를 제공하는 시스템도 이루어지고 있다.

재택 터미널케어는

첫째, 본인 만족도가 높다.

둘째, 시설 간병에 비해 인프라 투자가 필요하지 않은 만큼 비용이 저렴하다.

셋째, 종말기 치료 비용을 억제할 수 있다.

넷째, 종말기에 고령자가 모아둔 저축을 지출함으로써 지역 고용 활성화나 수요 창출로 이어진다.

재택 터미널케어는 이렇듯 바람직한 일투성이다.

마지막 시간을
화해의 시간으로

죽음은 천천히 다가오는 법. 돌연사 따위 애당초 기대하지 않는 게 좋다.

죽음이 시간을 두고 찾아오기에 축복이라 여겨지는 점은 '이 세상 떠날 준비'를 당사자는 물론 주위 사람도 가능하게 만들어주기 때문이리라. 신변 정리나 유언 작성법 등에 관한 책들은 책방에 산더미처럼 쌓여 있다. 나는 여기서 어느 누구도 얘기하지 않았을 법한 것들을, 특히 싱글 남성들을 위해 남기고 싶다.

그것은 다름 아닌 죽기 전 화해하기이다. 그도 그럴 것이 2005년에 감수한 『지금 바로 부모에게 물어둘 일』[45]이란 책에서 비슷한 부류의 책에는 없는 몇 가지 항목을 끼워 넣은 경험이 있기 때문이다. 그 항목이란 바로 '묻기 곤란해도 묻고 넘어가야 할 것', '물어보고 싶지만 묻지 않는 게 현명한 것', 마지막 한 가지는 '지금 당장 부모와 화해해두고 싶은 것', 이렇게 세 가지이다.

'부모와의 화해' 항목을 일부러 넣은 이유는 나 스스로 후회하고 있기 때문이다. 어머니와 사이가 원만하지 않았던 나는 처녀 때 일찌감치 집을 나와 어머니와의 대립을 피했다. 그 후 간병을 위해 만났을 때는 어머니는 완전히 약자의 처지가 되어버린 탓에 제대로 진지하게 마주할 기회는 영원히 사라져버렸다.

고집은 결국 후회를 낳는다

사는 동안 어느 누구에게나 갈등도 있고 대립각을 세우는 상대가 있기 마련이다. 적이라면 그냥 내버려두면 그만이다. 그러나 내게 소중한 사람이거나 일가 친척과 의견 충돌로 대립하여 앙금이 풀리지 않은 채 오랜 세월을 보내는 이는 특히 남성들 사이에 많을 것이다. 체통이나 고집, 의리나 논리를 내세우려는 쪽은 남성인 경우가 많다. 인정을 앞세워 어지간한 정도로 대충 넘어가는 법이 없기 때문이다. 배우자를 잃었을 경우는 '어지간히 좀 하세요' 하며 받아주는 아내도 없이 가족들로부터 더더욱 고립된다.

자신의 뜻을 거역하는 자식과 인연을 끊는 이는 대개 아버지 쪽이다. 어머니가 자식과 인연을 끊는 경우는 별로 들어본 적이 없다. 요즘도 딸이 느닷없이 별 볼 일 없는 남자와 행방을 감췄다는 이유로 연을 끊는 부모가 없지는 않지만 손자라도 생길 경우 대개 어머니 쪽은 마음을 누그러뜨린다. 어머니가 중간에 나서서 딸 부부가 가족의 일원으로 돌아오기도 하지만 그런 중재역을 맡아줄 아내도 이젠 없다.

하물며 **이혼 이별의 경우**에는 성인이 된 자식의 얼굴이 떠오르지 않을 정도로 **원래 가족과는 관계가 소원해지고 만다.**

영화 〈오쿠리비토Departures〉를 보면, 자신이 여섯 살일 때 여자가 생겨 집을 나간 아버지와 주인공인 아들이 30년 만에 재회한다. 재회한 당시는 아버지가 죽고 난 다음이다. 이 영화에는 아버지의 '시체 역'을 연기하는 배우가 몇 명 등장한다. 대사 없는 연기도 편할지는 모르겠으나 죽은 체하는 연기 또한 쉽지만은 않았을 것이다.

이 영화의 클라이맥스는 염습사가 직업인 주인공이 자신을 버렸으나 잠시도 잊은 적이 없는 아버지의 사체와 맞닥뜨렸을 때, 어렸을 적 아버지와 교환한 석문(돌에다 자신의 생각을 새겨 선물한 돌)이 아버지의 움켜쥔 주먹에서 또르르 떨어져 굴러가는 것을 발견하는 장면이다. 그렇구나 그랬었구나. 아들은 자기 멋대로 산다고 저주를 퍼부었던 아버지가 자신을 버린 이래로 죽음의 순간까지 아들인 자신을 잊지 못했던 것이었구나 하고 깨닫는다. 죽은 자와의 화해가 이루어지는 순간이다.

꽤 깐깐하기로 소문난 남자 친구가 '틀림없이 울걸요' 하며 영화를 리메이크한 만화를 내게 빌려다주었다. 읽었지만 울지 않았다. 내가 어지간히 피도 눈물도 없는 인간이기 때문일까. 아버지와 아들의 화해, 그것도 돌이킬 수 없이 너무도 늦은 화해인 까닭이다. 〈오쿠리비토〉는 여심보다는 남자의 마음을 사로잡는 장치가 많다.

여한 없이 살기 위해서는

누구나 바라는 일이지만 현실은 영화처럼 그리 만만하지 않다. 숨이 끊어지는 순간까지 석문을 움켜쥐고 있었다든가 하는 얘기는 좀 과장된 면이 있고, 아들이 용케도 석문을 발견해주리라는 보증 또한 없다. 게다가 아들 입장에서는 화해가 성립되었을지도 모르지만 이미 돌아가신 아버지 쪽에서는 죽는 순간까지도 아들의 석문을 움켜쥐고 회한에 비통해했을지도 모르는 일이다.

죽기 전이 아닌 죽은 후에 찾아오는 화해이기 때문에 이야기는 아들의 이야깃거리는 될지언정 아버지의 이야깃거리가 되지 못한다는 것은 뻔한 사실이다. 이처럼 때늦은 화해가 의미하는 것은 아버지와 아들의 화해는 아마도 죽을 때까지는 결코 이루어지지 않으리라는 점을 오히려 암시하는 것은 아닐까?

또 다른 나의 남자 친구는 60대가 되어서 80대 아버지 장례를 치르면서 "억지로라도 눈물이 나지 않았다."라고 술회했다. 여태껏 인생을 살아오면서 아버지와 겪은 갈등과 불화, 아버지 멋대로의 사고방식과 행동을 생각하면 '나도 이만큼 나이를 먹었지만 아버지를 용서할 마음이 생기지 않아서'가 그 이유다. 용서할 수 없었던 아들의 그 마음이 이제는 풀리지 않은 채 앙금으로 남아 있다는 것이다.

풀리지 않은 한恨은 엉겨 굳어져 상처로 남는 법이다. 남아 있는 자에게도 그런 한은 무거운 짐으로 남게 된다. 여한 없이 살리라 마음먹었다면 죽음을 준비하는 동안에 화해해야 마땅한 사람들과 화해할 일이다. 도저히 **용서할 수 없는 상대를 용서하고** 도저히 용서받을 수 없는 상대로부터 용서를 구해야만 한다. 곧 죽을 사람을 눈앞에서 마주한다면 어느 누구라도 관대해지지 않겠는가. 만일 용서하지 못했다면 용서하지 못한 그 원망이 이제는 살아남은 자의 여한으로 남게 된다.

세쓰코 씨는 60대 때 당시 70대였던 남편을 떠나보내면서 뇌경색 후유 장애로 병상에서 꼼짝하지 못했던 남편에게 이런 말을 했다고 한다.

"지금이라도 꼭 만나고 싶은 사람이 있다면 스스럼없이 말해봐요. 내가 모르는 불륜의 상대든 애인이든 당신이 만나고 싶어 하는 사람은 다 불러줄 테니까요."

감탄할 만하다.

물론 **인생에는 완성도, 대단원도 없다.** 죽을 때는 어쩐지 엉성하고 미흡하고 **늘 아쉬움이 남는 게 우리네 인생**이리라. 그러나 시간을 두고 서서히 죽는 과정에서 여한이 없이 사죄하고 용서를 구하면서 가까이 지내던 사람들에게 감사하며 작별을 고한다면 '이제는 언제 나를 데려간다 해도 좋다'는 기분이 들지 않을까.

아직 경험도 해보지 못한 주제에 그럴싸한 말은 못 하겠다. 그러나 막상 경험했을 때는 이미 늦은 일이 되고 마는 것이 죽음이리라. 싱글인 나는 그럴 수만 있다면 싱글로서 죽음을 맞게 해달라고 늘 간절히 기도하고 염원한다.

후기

전작인 『싱글의 노후』의 한국어판 후기에 나는 이렇게 썼다.

"그렇다면 남자는 어떻게 하면 되느냐고? 그런 건 난 몰라. 적어도 여자에게 사랑받을 수 있는 귀여운 남자가 되면 되겠지, 뭐."

이 글을 읽은 한 남성 독자에게서 항의를 받았다.

"이 책은 여성뿐 아니라 남성에게도 도움이 될 거라는 생각에 공감하며 읽었습니다. 그런데 마지막 이 세 줄을 읽으며 배신당한 느낌이 들었습니다. 가능하다면 이 세 줄을 삭제해주시기 바랍니다."

그분 심정은 이해가 가지만 그 후에도 이 세 줄은 삭제하지 않은 채 후기에 남아 있다.

그리고 어떤 독자들은 기회 있을 때마다 "싱글 남성의 노후에 대해서도 이어서 써주십시오."라는 말을 하곤 했다.

그로부터 2년이 지난 지금. 드디어 약속을 지킨 기분이다.

싱글 남성과 싱글 여성의 삶의 지혜는 같지 않다. 싱글 남성의 삶에 대해서는 남성 저자가 쓴 책들도 있기에 굳이 여성에게서 삶의 지혜를 터득하기에는 좀 아쉬운 감이 없지 않나 생각하는 독자도 있으리라.

그러나 많은 싱글 남성을 취재하면서 느낀 점이 있다. 평온하고 행복한 노후를 보내는 싱글 남성들의 공통점은 아내가 없어도 여성 친구가 많다는 점이었다. 노후에는 돈 부자보다는 사람 부자다. 게다가 남성은 이성 친구를, 여성은 동성 친구를 많이 사귀는 것이 비결인 듯싶었다. '약점 드러내기'를 꺼려하는 남성끼리의 관계에서는 정작 어려움이 닥쳤을 때 서로 도움이 되지 못하기 때문이다.

나보다 연상의 남성들에게 삶의 지혜를 가르치는 따위는 주제넘은 일일 수도 있다. 그러나 어떻게 하면 여성이 행복해하는지 혹은 불쾌해하는지는 가르쳐줄 수가 있다.

돈이나 지위로도 페로몬으로도 여성을 사로잡지 못한다면 최후에 남는 것은 인간적인 매력뿐이다. 그것도 여성을 힘으로 억누르지 않는 '사랑스러움' 말이다.

"적어도 여자에게 사랑받을 수 있는 귀여운 남자가 되면 되겠지, 뭐."라고 한 전작의 조언을 나 스스로 확신하게 되었다.

이 책에는 전작을 출간한 후로 2년 동안 내가 취재하거나 연구한 새로운 많은 정보가 담겨 있다. 이 책은 남성을 대상으로 썼지만, 여성 독자들에게도 도움이 될 것이다.

무엇보다도 싱글 남성은 우리 여성의 행복을 위해서도 홀로 남은 인생을 잘 헤쳐나가지 않으면 안 된다. 민폐를 끼치는 자폭 테러를 해서도 곤란하고 은둔 생활 끝에 궁핍한 '고독사'(홀로 죽음을 맞이하는 '독거사'와는 전혀 다르다)를 해도 참 가슴 아픈 일이다.

여성은 결코 냉담하지도 매몰차지도 않다. 먼저 세상을 떠나는 아내에게서는 "자, 당신 홀로 남겨두고 가지만 안심하고 떠나요."라는 말을 들었으면 좋겠고, 이혼한 전처에게서도 "당신 낯짝 따위 두 번 다시 보고 싶지도 않아." 같은 미움 대신에 "아이들 아버지로서 좋은 관계를 이어나갔으면 좋겠다."라는 말을 들었으면 싶다. '노처녀들' 앞에도 매력 있는 남성들이 많이 나타나주었으면 좋겠다.

힘들 때 힘들다고 말할 수 있는 '사랑스러운' 싱글 남성의 증가는 대환영이다. 그리하여 세상살이가 상부상조할 수 있는 방향으로 변화해나가기를 기대해본다. 우리가 꿈꾸는 그런 멋진 세상으로 나아가는 장벽은 결코 높지만은 않으리라.

단풍 물든 계절에
우에노 지즈코

언젠가 일본에 잠깐 다녀왔을 때의 일이다.

아침에 우연히 TV를 켜니 아가와 사와코阿川佐和子 씨가 진행하는 《사와코의 아침サワコの朝》이란 아침 토크쇼 프로에 여배우 요시유키 가즈코吉行和子 씨가 초대 손님으로 나왔다. 1935년생이니 현재 84세인 현역 배우이다. 지금도 다양한 작품에서 왕성한 활동을 펼쳐가는 팔팔한 시니어인, 이른 바 오팔족의 전형이라 할만하다.

오팔족은 '활동적인 삶을 살고 있는 노인들Old People with Active Life'이란 뜻으로 초고령사회로 접어든 일본에서 소비의 주역으로 떠오른 노년층을 지칭하는 신조어다.

사실 70~80대 오팔족 시니어 세대가 도전 정신으로 재무장하고 젊은이나 중장년층도 무색하리만큼 쌩쌩하게 현역 활동을 이어가는 모습은 한국에서나 일본에서나 이젠 그다지 낯선 풍경이 아니다.

내가 이 프로그램에 눈을 떼지 못하고 감탄한 이유인즉슨, 이 여배우의 어머니가 107세로 돌아가시기 직전까지 79세 싱글인 딸의 일상을 걱정하며 그녀를 늘 챙겨줬다는 사실 때문이었다.

바야흐로 인생 백세 시대를 실감하는 요즈음이다.

우리 모두는 가능한 한 건강하게 오래 살고 싶어 한다. 아무 탈 없이 행복하게 천수를 누리고 싶은 마음은 우리 모두의 본능이다.

그러나 장수는 축복이자 리스크다. 오래 살게 되면 얻는 것도 있겠지만, 그 이상으로 잃어버리는 것도 많게 된다. 물질적으로 풍족하더라도 괴롭고, 부족하더라도 괴로운 것이 인생의 숙명이다.

현역 때는 일에 쫓기며 앞뒤 돌아볼 겨를 없이 살다 보니, 정년 후의 인생 설계, 취미 활동, 노후 준비 하나 없이 어느 날 느닷없이 귀가한 남편들이 있다. 이들에게 이른바 젖은 낙엽처럼 달라붙으면 떨어지지 않는다고 해 '젖은 낙엽족'이라는 둥, 아내만 졸졸 따라다닌다 해서 '아내 따라 삼만리족', 혹은 아내의 눈 밖에 나지 않으려 애쓰는 모습에 '아내 관심 구걸족'이라는 등, 남성들 입장에서는 심란하고 애처로운 이런저런 비유가 붙는다. 이것이 아내 없인 혼자서 자립도 어렵고 하루도 마음 편히 생활할 수 없는 대다수 남성의 자화상이 아닌가 싶다.

우리 인생에는 세 가지 정년이 있다고 한다. 이름하여 '고용 정년', '일 정년', '인생 정년'이다.

고용 정년이란 글자 그대로 다니던 직장에서 '이젠 나오지 않아도 된다'는 최후통첩을 선고받는, 타인이 정하는 정년이다. 고용 정년은 누구에게나 온다. 조금 이르면 제 발로 나오게 되고 조금 늦으면 등 떠밀려 나오게 되어 있다.

일 정년은 고용 정년과는 달리 자기가 스스로 부여하는 천직 혹은 천명으로, 영어로 말하면 프로페션profession이 아닌 보케이션vocation에 해당한다. 소위 말하는 제2의 인생이다.

인생 정년은 누구든 때가 되면 맞이하는, 인생의 소풍을 끝내는 시간이리라.

인생 백세 시대를 자유롭고 충실하게 보내기 위해서는 '고용 정년' 다음의 '일 정년'을 어떻게 자신만의 개성으로 디자인하느냐에 달려 있다. 정년 후는 특급열차에서 각 역에 정차하는 열차(완행열차)로 갈아타며 새로운 인생을 내 페이스로 시작하는 시기이기도 하다.

중국에서는 노안을 화안花眼이라 한다. 꽃의 아름다움을 느낄 수 있는 연령이라는 뜻이다. 이 세상에는 꽃의 종류가 대단히 많지만, 꽃 하나하나의 아름다움을 느끼면서 음미할 수 있다는 것은 나이가 듦으로써 변하고 시들어 사라져가는 것, 즉 우리네 인생의 참다운 가치를 깨닫게 되는 소중한 나이라는 말이다.

감동感動이란 글자 그대로 '마음이 느껴져 마음이 움직이는' 것이다. 세상과 인생에 대해 감동의 의미를 제대로 받아들일 수 있는 나이도 이때쯤이 아닌가 싶다.

유망 직종이 사라졌듯이 인생에 진미眞味 기간 또한 정해져 있는 것은 아니다.

살아가면서 많은 사람들과 만나는 즐거움이 큰 격려가 되기도 하기에 돈 부자가 아니라 사람 부자가 되라는 말은 언제나 유효하다. 운은 사람이 가져다주는 것이므로 많은 사람을 만날수록 그만큼 행운의 확률도 커진다는 말일 테다.

나는 이 책을 번역하는 동안 어느새 인생의 변곡점에 와 있는 나 자신을 되돌아보고 앞으로의 인생 제2막인 일 정년을 진지하게 고민하고 설계해야겠다는 각오를 새겼다. 그와 더불어 인생의 본무대는 바로 지금부터라는 소중한 깨달음을 새록새록 얻었다.

정년은 끝이 아니라 자신을 위한 인생의 시작이다. 괴롭고 힘들었던 트레이닝 기간이 끝나고 가까스로 실전을 맞이할 수 있는 시기이다. 긴장을 늦추거나 우왕좌왕할 겨를이 없다.

누구든 한 번은 젊고 한 번은 늙는다. '이 나이에······'라며 어느샌가 훌쩍 지나가버린 진미 기간을 운운한들 별 뾰족한 수가 없다.

과연 어떻게 인생에 탄력을 주는 신바람을 불어넣을 수 있겠는가? 남성이든 여성이든, 나이 든 이든 젊은이든, 싱글이든 커플이든, 누구든 한 번쯤은 진지하게 고민해보지 않았을까?

소박한 마음으로 세상 사는 것이 갈수록 녹록지 않다. 인생은 늘 어렵고 힘이 들지만, 힘이 들수록 우리 인생에서 정말 중요한 것이 무엇인지, 어떻게 살아야 잘 사는 인생인지······ 이 책은 바로 이런 문제에 물음표를 던진다.

과연 정답이 무엇인지, 해결책은 있는 것인지, 독자 여러분과 함께 그 궁금증을 풀어보고 싶다.

오경순

미주

1. 우에노 지즈코(上野千鶴子), 『싱글의 노후(おひとりさまの老後)』, 호켄(法研), 2007. 한국어판은 나일등 옮김, 『싱글, 행복하면 그만이다』, 이덴슬리벨, 2011.

2. 야마다 마사히로(山田昌弘), 『미혼화 사회의 부모와 자식 관계(未婚化社会の親子関係)』, 유히카쿠센쇼(有斐閣選書), 1997.

3. 클레어 엉거슨(Clare Ungerson), 『젠더와 가족 간병―정부 정책과 개인 생활(ジェンダ一と家族介護―政府の政策と個人の生活)』,100고세칸(光生館), 1999.

4. 사사타니 하루미(笹谷春美), 「가족 케어링을 둘러싼 젠더 관계(家族ケアリングをめぐるジェンダ一関係)」, 가마다 도시코(鎌田とし子) 외, 『강좌 사회학 14젠더(講座社会学 14ジェンダ一)』, 도쿄대학출판회(東京大学出版会), 1999.

5. 일본성과학회 섹슈얼리티연구회(日本性化学会セクシュアリティ研究会) 편저, 『몸과 마음―싱글판(カラダと気持ち―シングル版)』, 산고칸(三五館), 2007.

6. 모부 노리오(モブ・ノリオ), 『간병 입문(介護入門)』, 분게이슌주(文藝

春秋), 2004.

7. 사에 슈이치(佐江衆一), 『황락(黃落)』, 신초사(新潮社), 1995.

8. 야마다 마사히로(山田昌弘), 「남성은 고령자 간병이 불가능하다 (男に高齢者介護はできない)」, 『가족의 재구성(家族のリストラクチュア リング)』, 신요샤(新曜社), 1999.

9. 다하라 소이치로(田原総一朗), 『우리의 사랑(私たちの愛)』, 고단샤 (講談社), 2003.

10. 우에노 지즈코(上野千鶴子), 『싱글의 노후(おひとりさまの老後)』, 호 켄(法研), 2007.

11. 시로야마 사부로(城山三朗), 『그렇지, 당신은 이미 떠나고 없지(そ うか'もう君はいないのか)』, 신초샤(新潮社), 2008.

12. 『주간 포스트(週刊ポスト)』 2009년 2월 6일호, 쇼가쿠칸(小学館).

13. 가스가 기스요(春日キスヨ), 『부자 가정을 살아가다(父子家庭を生き る)』, 게소쇼보(勁草書房), 1989.

14. 사카이 준코(酒井順子), 『노처녀의 절규(負け犬の遠吠え)』, 고단샤 (講談社), 2003. '負け犬の遠吠え'란 '싸움에서 진 개'의 의미로 노 처녀를 뜻한다. 한국에서는 『서른 살의 그녀, 인생을 논하다』(홍 익출판사, 2003)로 출판 소개되었다.

15. 1995년 인구동태 사회경제면조사.

16. 요코카와 가즈오(横川和夫), 『내려가는 삶의 철학(降りていく生き 方)』, 다로지로샤(太郎次郎社), 2003.

17. 『베델하우스의 '당사자 연구'(べてるの家の「当事者研究」)』, 이가쿠쇼 인(医学書院), 2005.

18. 가토 히토시(加藤仁), 『아아, 정년(おお、定年)』, 분슌분코(文春文庫), 1988.

19. 가토 히토시(加藤仁), 『기다렸습니다, 정년(待っていました定年)』, 분

슌분코(文春文庫), 1992.

20. 이와나미쇼텐(岩波書店) 편집부 편, 『정년 후 '또 하나의 인생으로의 안내'(定年後——「もうひとつの人生」への案内)』, 이와나미쇼텐, 1999.

21. 홋타 쓰토무(堀田力), 『50대부터 생각해두고 싶은 '정년 후' 설계 계획(50代から考えておきたい「定年後」設計腹づもり)』, 미카사쇼보(三笠書房), 2001.

22. 가와무라 미키오(河村 幹夫), 『50세부터 정년 준비(五〇歳からの定年準備)』, 가도카와 one테마21(角川oneテーマ21), 2005.

23. 『'여자들 인연'이 세상을 바꾼다(「女縁」が世の中を変える)』, 니혼게이자이신분샤(日本經濟新聞社), 1988.

24. 『'여자들 인연'을 살아온 여자들(「女縁」を生きてきた女たち)』, 이와나미 겐다이분코(岩波現代文庫), 2008.

25. 니무라 히토시(二村ヒトシ), 『모든 것은 인기를 위해서(すべてはモテルためである)』, 롱셀러출판사(ロングセラーズ), 1998.

26. 니무라 히토시(二村ヒトシ), 『인기를 위한 철학(モテルための哲学)』, 겐도샤분코(幻冬舍文庫), 2002.

27. 헨리 데이비드 소로(Henry David Thoreau), 『월든(森の生活)』, 이와나미쇼텐(岩波書店), 1995.

28. 가모노 죠메이(鴨長明), 『호조키(方丈記)』, 이와나미쇼텐(岩波書店), 1989.

29. 우에노 지즈코(上野千鶴子), 『스커트 밑의 극장(スカートの下の劇場)』, 가와데쇼보신샤(河出書房新社), 1989.

30. 노무라종합연구소(野村総合研究所), 「생활인 1만인 앙케트 조사(生活者1万人アンケート調査)」, 2000.

31. 이와무라 노부코(岩村暢子), 『변하는 가족, 변하는 식탁(変わる家

族変わる食卓)』, 게이소쇼보(勁草書房), 2003.

32. 이와무라 노부코, 『'현대 가족'의 탄생(〈現代家族〉の誕生)』, 게이소쇼보(勁草書房), 2005.

33. 이와무라 노부코, 『보통 가족이 제일 무섭다(普通の家族がいちばん怖い)』, 신초샤(新潮社), 2007.

34. 가나모리 도시에(金森トシエ), 『돈 부자보다 사람 부자, 친구 부자(金持ちよりも人持ち−友持ち)』, 도메스 출판(ドメス出版), 2003.

35. 하나이 유키코(花井幸子), 『즐거운 과부 일기(後家楽日和)』, 호켄(方研), 2009.

36. 후카사와 마키(深澤真紀), 『나를 괴롭히지 않는 인간관계 유지술(自分をすり減らさないための人間関係メンテナンス術)』, 고분샤(光文社), 2009.

37. 사이토 사토루(斎藤学), 『어덜트 칠드런과 가족(アダルト・チルドレンと家族)』, 가쿠요쇼보(学陽書房), 1996.

38. 시마무라 마리(島村麻里), 『로맨틱 바이러스(ロマンチックウイルス)』, 슈에이샤신쇼(集英社新書), 2007.

39. 오가사와라 가즈히코(小笠原和彦), 『출구 없는 집(出口のない家)』, 겐다이쇼칸(現代書館), 2006.

40. 사노 요코(佐野 洋子), 『시즈코 씨(シズコさん)』, 신초사(新潮社), 2008.

41. 우에노 지즈코(上野千鶴子)·나카니시 쇼지(中西正司), 『당사자 주권(当事者主権)』, 이와나미신쇼(岩波新書), 2003.

42. 야나기하라 가즈코(柳原和子), 『암 환자학(がん患者学)』, 쇼분샤(晶文社), 2000.

43. 야마자키 후미오(山崎章郎)·요네자와 게이(米沢慧), 『신호스피스 선언(新ホスピス宣言)』, 기라라쇼보(雲母書房), 2006.

44. 가사하라 유(笠原優), 『풍요로운 결실—오렌지코프의 도전(みのり
豊かに—オレンジコープの挑戦)』, 겐도샤르네상스(幻冬者ルネッサンス),
2008.

45. 우에노 지즈코(上野千鶴子) 외, 『지금 바로 부모에게 물어둘 일
(今、親に聞いておくべきこと)』, 호켄(法研), 2005.

여자가 말하는
남자 혼자 사는 법

남자일수록, 나이 들수록 다시 배워야 합니다

1판 1쇄 2014년 6월 10일
2판 1쇄 2020년 5월 18일

지은이 우에노 지즈코
옮긴이 오경순
펴낸이 김수기

펴낸곳 현실문화연구
등록 1999년 4월 23일 / 제25100-2015-000091호
주소 서울시 은평구 통일로 684 서울혁신파크 1동 403호
전화 02-393-1125 / 팩스 02-393-1128 / 전자우편 hyunsilbook@daum.net
ⓗ hyunsilbook.blog.me　ⓕ hyunsilbook　ⓣ hyunsilbook

만든 사람들 김수현 허원

ISBN 978-89-6564-250-3 (03330)

이 도서의 국립중앙도서관 출판예정도서목록(CIP)은
서지정보유통지원시스템 홈페이지(http://seoji.nl.go.kr)와
국가자료종합목록 구축시스템(http://kolis-net.nl.go.kr)에서 이용하실 수 있습니다.
(CIP제어번호: CIP2020010831)